中公文庫

灰と日本人

小泉武夫

中央公論新社

はじめに

物を燃やせば炎が起《た》ち、煙草を吸えば煙が昇り、いつも最後には灰が残ります。その灰は我々の日常生活の中で、少なくとも一日に一度は目にする身近なものでありまするが、意外とこれに関心が寄せられていないのであります。いや、それよりむしろ、いつも忘られている吹けば飛ぶような哀れな存在なのでございます。そういえば灰冷、灰隕《かいいん》、灰塵《かいじん》、死の灰、灰色の人生、灰色高官、護摩の灰、灰かぐらなど、この「灰」という字の持つイメージは明るい意味を表わすものはほとんど無く、暗く、そして陰翳《いんえい》の連想に結ぶものばかりでありまして、どうやらそのために敬遠されがちなのかも知れません。

しかし灰はその字源「」（《手》に持つことの出来る《火》）からも知れるように、昔は手近なものとして日常生活に使われていましたし、火の信仰にかかわるものとして古代から宗教的儀礼にもしばしば登場して参りました。その上、灰のもつ化学的成分に由来する性質から、食生活や農耕、やきもの、染色、製紙など日常生活に欠かせない多くの分野にも、手段又は材料として登場してきたのであります。また料理のアクでは、洋の東西を問わず、スープや煮物で多くの食通を唸らせるには飽くなきまでも灰汁《あく》を掬《すく》いとり、場合によって

は材料の灰汁も抜くことが肝要なのであります。そして囲炉裏《いろり》、火鉢、茶道などにおきましても、他のものでは代替を許さない灰の役割もまた見のがすことはできないのであります。

ところが一方では、災害としての灰の話題も多く、一九九〇年島原雲仙普賢岳噴火や鹿児島桜島の火山灰による周辺住民の憂鬱な生活は酷いことでありまするし、アメリカでのセントヘレンズ火山における今世紀最大の大爆発は、その火山灰を要因とする冷夏を引き起こし、世界の天候までも異変させたのも事実であります。そして核実験による恐怖の死の灰は今日までもその後遺症を残しています。

一転して童話や物語の世界には、正直者のお爺さんが灰で宝を手にする羨ましい話や、『灰かぶり娘』（『シンデレラ姫』）、『灰闌記《かいらんき》』等々興味深いものがございます。

このように幾つかの例を挙げてみましただけでも、灰がいかに多彩な話題をもつものであるかおわかりでありましょう。

しかし、この「灰」という不思議な物体は、人間が出現するはるか以前から存在しているにもかかわりませず、ずっと沈黙し続けてきた物質なのであります。そして人は、こんなに身近にある灰なのに、それを利用するばかり一生懸命になって、いけませんことにその中身をほとんど知ることなくここまで来てしまいました。そのために、灰の周辺の謎だけが残されてしまったというわけなのであります。

そこでこの本では、食生活、社会、風俗、宗教、芸術、自然界などにわたって、灰にまつわる不思議な世界に飛び込み、そこから灰の本性といったものや灰の持つ科学性、神秘さなどを解き明かしてみたいと存ずる次第であります。

題して「灰に謎あり」、読者のみなさまには、しばらくのおつき合いをお願い申し上げます。

目次

はじめに　3

I　灰の生いたち……11
灰の誕生と埋火《うずみび》のこと　12
灰の成分と用途、そして灰屋のこと　18

II　灰と食……31
食べものと灰　32
酒と灰　51
醤油・味噌と木灰　74
海藻と灰　81
料理と灰汁《あく》　93

III　灰の恵み……101
和紙・織物と木灰　102

染料・染色と木灰　114
やきものと灰　125
Ⅳ　灰の効能……137
薬と灰　138
『秘術伝書』と灰　152
Ⅴ　灰の恐怖……165
火山と灰　166
死の灰　188
Ⅵ　灰と高貴……193
茶道・香道と木灰　194
習俗・宗教と灰　206
文学と灰　219
あとがき　242
参考文献　243

灰と日本人

I　灰の生いたち

灰を利用した酒燗器／鳩燗（はとかん）　形が鳩に似ている

灰の誕生と埋火《うずみび》のこと

それではまず、「人とかかわり合った灰」の誕生、すなわちそれは火の使用を意味するのでありまするが、その辺り、そして灰を火種の継繋《けいけい》手段といたしました「埋火」の辺りから語らせていただきましょう。

灰ができるには火が必要でありますから、灰の歴史は火の歴史でもあります。火は長い地球の歴史の中において、人類のみが極めて有利に利用してきた、生きるための手段のひとつでもあるのです。

脳が発達し、比較的知恵の高い霊長類でさえ、その長い進化の過程の中で火を利用できなかった事実は、人間の勇気が霊長類に比べて抜きんでていたことや、手先の器用さそして思考の深さなどでも勝《まさ》っていたためなのでしょう。火の最大の価値は、何と言っても燃える時に生じる熱量にあります。ものが燃える現象を化学的にみれば、可燃性の物質が空気中の酸素と反応することです。燃えるものはそのほとんどは有機物（炭素を持った化合物）で、炭素は酸素と反応し、

$$C + O_2 \longrightarrow CO_2 + 97.2kcal$$

といった高いカロリーを生じ、この熱量のために採暖、採光、炊事、鍛冶などを通して人間文明の進歩の重要なになない手となってきたのです。

ところで、その火は人間がいつ頃から使いはじめたのでしょうか。一九二七年北京原人の骨が木炭や炭灰とともに発掘されて、火の使用を最初に知った人類とみられていますが、これは今から一五〇万年前のことといわれ、また四五〇万年も前ではあるまいか、といった見方もあります。確実に証拠が残っている点では、ヨーロッパやアフリカなどの中期氷河期の原人の遺跡に炉の跡がみられるもので、後期氷河期である旧石器時代や中石器時代の人類はすでに火を人工的につくる知恵をもっていたと見なされています。

日本では群馬県新田郡笠懸村岩宿をはじめ多くの遺跡で炭灰類が発見されていますことから、一万四、五〇〇〇年前の無土器文化時代にすでに火が使用されていたことは確かであります。しかし、これはあくまで発見された遺跡の中に火の残があった年代という意味でありまして、火の使用はもっともっと古い時代に遡《さかのぼ》りますことは当然のことでありましょう。

さて人間は、はじめから火を熾《おこ》す知恵はなかったはずですから、一番はじめに使用した火はおそらく自然現象で生じた火、例えば山火事や火山の溶岩などを火種にして用いたのでしょうが、その後、火を熾す発火法が発明されてからは人類の文明に一大革新をもたらしたのでした。

この発火法には「摩擦法」と「撞撃法《とうげきほう》」とがあり、前者の代表例は発火棒と溝板とを摩擦させて火を熾す方法、後者は二個の物体をかち合わせて火を熾す方法で、例えば火打石と鉄片による発火法は日本では江戸時代にまで例を残すものであります。

このようにして火を熾す方法が発明されますと、火を熾す時の苦労が身にこたえまして、以後は容易にこれを消してはならないという考えが起こるわけで、そのためには今度は火種をいつまでも消さずに持続させる方法を工夫する必要がありました。そしてその願望は、炭《すみ》の発明と灰の利用で解決されるのであります。化学的にみますれば、炭は木を蒸し焼きの状態にすることにより揮発物質や分解生成物から成る木炭ガスをほとんど揮散させてしまったものでありますから、いわゆる炭素のかたまりなのであります。したがって炭がカンカンと熾るのは、木などがメラメラと燃える時の木炭ガスによる燃焼反応ではなく、炭の表面で炭素の酸化反応が起こるために、その発熱で必要な表面温度を維持しながら、ゆっくりと長時間火を保つことができるのです。そのうえ炭には無数の孔があって、物理的にはこの多孔質に空気（中の酸素）が入り込み易い構造になっているため、燃焼をいっそう有利としているのです。[*1] そしてこのような炭の持つ化学性と物理性は、灰をこれに覆いかぶせておいても、長時間火種が消えにくい状態を容易につくり出せるのであります。

さて、火種を灰で持続させることを「埋火《うずみび》」と申しますが、この場合の炭と灰との関係は実に一体なのであります。そこには両者の持つ特性が互に合致しあって埋火が行えるのであり、土や砂で灰の代用は全くもってできないのです。

ところで火を絶やさぬということは、生活の必要性から起こったものでありまするが、火のありがたさやその威力を崇《あが》めるために、宗教や信仰上の理由からも継ぎ火の風習は今日まで長く伝えられてきました。例えば出雲大社の御神火《ごじんか》は、国造《くにのみやつこ》家の代替りのたびに神火相続の神事が厳かにとり行われて参りまして、長野善光寺には創立以来の常夜灯が灯っているほどです。また富山県東礪波郡（現在の南砺市）梨谷には六〇〇年間もの間、同じ火を絶やしたことのない旧家もあるほどで、まったく恐れ入ります。

このような火を焚く、埋める、継ぐという仕事は昔から女の重要な役割でございまして、埋火に失敗し、火種を隣家へもらいに行くなどというのはその家の女の恥でもありました次第。しかしいくら灰の効用とはいえ、炭火を翌朝までもたせるということはそう簡単なものではございませぬから、火を灰で覆わせる手法の一つにしても相当の熟練と経験が必要でありました。炭を灰で埋火をするその辺りの場面を柳田國男は次のように美しく表現しておりますのでご鑑賞下さいますように。[*2]

家によっていろいろ流儀も口伝もあったと思いますが、それを比べ合わせてみるということはまだ私にはできません。普通に話に聞いていますのは、まず炉の真中のホドという部分の灰を柔らかにして、そこへ太い木の燃えさしを置き、その上に今まで火の下になっていた温灰《ぬくばい》を載せます。温灰はクヨウクリといい、また鴉《からす》アクという地方もあって、小さな粉炭が火になって沢山まじっています。

それがまだ黒くなってしまわぬうちに、急いで炉のまわりの灰を集めて、とっぷりと覆い隠してしまうのであります。あんまり念入りに中の燃えさしを動かしてみたり、またはやり直しなどをしていたりすると、すぐにその灰が冷たくなって、せっかくの火を消してしまい、かの昔話の年の若い嫁のように、一人で大きな心配をしなければならぬことになります。多くの母親たちは馴れたもので、手ばしこく火をまだ赤い灰の中に包んで、どしどし上から他の灰を寄せてきて、富士山のように盛上げ、それをまわりからロセンともアクセンバともまた灰ならしともいう板のようなもので軽く叩いてよい形にします。

また埋火には、灰の代りに籾殻《もみがら》などというものを掛けておく家もあったようですが、これでは夜どおし燻《いぶ》って、家中煙だらけになり、目も痛い痛いということに相成って仕舞いには無くなってしまいました。また頭のいい人も居りまして、炭火ではなく燃えている大きな薪《まき》の端を灰の中によく押し込んで燃え上らないようにしておくという簡単な埋火もあったと伝えています。

このように埋火に用いられたのは主に薪灰《たきぎ》でありましたが、ほかに藁灰《わら》もしばしば使われていました。藁は米を主食とする日本人の重要な燃料でもありました上に、この灰は小さな炭火でも割合暖かくつつみ込み持続性に富むものでありましたからなお重宝され、日本特有の火鉢や炬燵《こたつ》、行火《あんか》ではこの灰で火を覆うことが特徴の一つでありました。農村では藁は多量にあり、しかも保存が効きますするので燃料用として利用されましたが、柳田國男によりますと、町での藁灰の多くは米俵からとったということです。例えばさつま芋は藁灰で焼いたのが最もうまかったので、焼き芋屋にはいつも藁灰が多くあったそうです。

灰の成分と用途、そして灰屋のこと

さて、灰は一体どんな成分から成っているのでしょうか。植物由来の灰と動物由来の灰では少々構成成分は異なっておりますが、共通していえることはそのほとんどが無機成分から成ることであります。すなわち灰とは、有機物（炭素原子を結合の手として、これに酸素、水素、窒素などが結びついている化合物）が燃えた後に残る無機物主体の燃えかすで、カリウム、カルシュウム、マグネシュウム、ナトリウム、リン、クロール、鉄、硫黄などがその主要無機物であります。その成分の組成といったものを左頁の表に掲げましたのでご覧下さい。これらの成分は、燃えた物質中の有機化合物と結合体や遊離体として存在しておりますが、有機物は燃えて煙やガスとなって消えてしまいますのに対し、無機物は不燃性でありますから燃えずに残り灰となるわけです。そして燃えた物質によりこの無機成分の組成は異なり、動物灰ではカルシュウムやリンなどが多く、草や木のような植物灰にはアルミニュウムやカリウムが最も多いということになるのです。そしてこれらの無機成分はたいていの場合、有機物が燃焼の際生成される炭酸と結合して、炭酸カルシュウムや炭酸カリウムなどのように安定した塩の形で存在しているのであります。特に草木灰はその大部分が炭酸カリウムで占められていますので、これが水に溶けますと、

$$K_2CO_3 + H_2O \longrightarrow KOH + KHCO_3$$

炭酸カリウム＋水 ⟶ 苛性カリウム（強アルカリ性）＋炭酸水素カリウム（弱アルカリ性）

のように反応いたしますから、その水溶液はアルカリ性を呈し、石鹸と同じ作用をするのであります。そのため今日のように石鹸や合成洗剤などが無かった時代には、灰は食器などの洗剤として大変役立つものでありました。

木灰の無機成分

灰分名	全成分（%）
Al_2O_3	18.45
Fe_2O_3	2.45
MnO_2	1.21
ZnO	0.19
P_2O_5	2.72
CaO	11.69
MgO	1.94
K_2O	13.95
Na_2O	4.92
SiO_2	9.64
SO_3	6.65
H_2O	5.4

今日、合成洗剤の一部が環境破壊につながるとして、その販売を条例などで規制する気運もありますが、一方では木灰使用時代の無難さに郷愁を抱き、再び木灰洗剤が一部の環境保護団体などで真剣に考えられているのも、せわしく速い世の流れのなす皮肉なのかも知れません。

灰はこのように無機成分の塊《かたまり》でありますので、知恵深い昔の人たちはそれを見逃すはずはありません。実に発想が豊かでしたなあ。その灰を売って大金を儲けた人たちが出てきたのです。灰を家々から買い集めて、それを肥料、洗剤、織と染、和紙、やきもの、醸造などの用途に売ったわけです。そのため京や江戸などでは、町の家々で薪から出る多量の灰を引きとり、これを需要地に送る組織まで出て参りました。いつの時代にもこのようにうまい金儲けをする者がいるものだなあ、とつくづく感心させられます。

灰を売買して巨額の富を築いた第一人者は京都の灰屋紹由《はいやじょうゆう》という男で江戸前期の豪商の一人として有名でした。また今の東京と埼玉県の県境の新河岸川《しんがしかわ》などを交通の路として、終点の川越の町には定期の「灰の市」も立っていました。ですから、農家はもちろんのこと、街の家々でも昔は、家屋の外に「灰小屋」と称する不燃性の小屋を持っていて、竈《かまど》や囲炉裏《いろり》から出る灰をそこに貯えて、農業用に使ったり灰屋に売り渡したりしていたのです。とにかく、灰の用途は大きかったのです。それをまたまた22―23頁に表にしてみましたのでご覧下さい。

灰を商売にしていました灰屋のことにつきましては『守貞漫稿《もりさだまんこう》』、これは日本民俗学のはしりの書ともいわれ、江戸時代の各地の風俗、習慣を詳細に分類、解説したもので、喜田川守貞という人の筆になり、慶応三（一八六七）年の刊行ですが、そこに「灰買《はいかい》」という商人が出てきます。それを次のように説明しているのです。[*3]

「京坂にては竈下炉中の余灰に、米糠と綿核を兼買う。故に詞に「ぬかたねはいはございございい」。又京坂此徒には仲仕前垂れをす前垂の面は男服の条下に出す。江戸は灰而已を買う也。是は市民自家に綿を繰り製せず。糠は舂夫の家に買之故に灰のみ買之也。因云三都ともに畚《もつこ》を荷ひ巡る故に一面を似つて兼之」。

（京や大坂には、仲仕前垂れをしてその前垂れの表を男の着物の外へ長く出したかっこうの人夫が「ぬかたねはいはございませんか」といいながら、竈や囲炉裏の余分な灰を米糠や綿実とともに買い歩いた。江戸では家で綿をうたないし、糠はきぬつき屋（いまで言う精米屋）で買うことができるから灰のみ買っていた。京坂江戸いずれも畚《もつこ》を肩に背おって町を買いまわっていた）

灰買（『守貞漫稿』より）

まあ、このように灰は売る事ができましたので、「白浪五人男」の一人、弁天小僧が「竈《かまど》の灰まで俺のものだあ！」と啖呵を切る名場面も出てくるというわけでございます。

こうして灰屋の集めた灰は各地の需要地へと送られて参りましたが、その行先の一例として、例えば江戸では酒問屋の多い新川などに届けられていきました。昔の酒造りは今のよ

灰の役割
酸敗して酸っぱくなった酒を，灰または灰汁のアルカリで中和する。
灰を加えてアルカリ性にし，酒に赤褐色の色をつける。またアルカリ性にすることで，酒が腐りにくくなる防腐の効果もある。灰から持ち込まれた多量の金属イオンにより，特有の味を呈する。
灰の中にあるカリウムが，麹菌の増殖に効果が著しく，強健な胞子を多量着生させる。また，灰のアルカリ性は，麹菌以外の微生物をおさえ，麹菌を純粋培養へと導く。
和紙の原料となる植物の繊維，すなわち白皮に含まれており，紙を作るのに不適当な成分となっているリグニン・タンニンなどを，灰のアルカリ溶液中で煮沸すると，それらの不溶性の不純物は可溶性に変化し，繊維から容易に離脱させることができる。
原料の木皮にふくまれる繊維以外の不溶性不純物を，灰のアルカリとともに煮沸すると，これを可溶性として溶出・除去でき，それによって，純粋に繊維を取り出すことができる。
灰を加える量を加減することで，水素イオン濃度が変わるため，藍や紅花のような染色液の色を自由に操ることができる。また，灰汁中の酸化アルミニュウム Al_2O_3 や珪酸 H_2SiO_3 などは，原料の色素成分と化学結合することにより，色彩を鮮明にし，色の安定化がはかれる。
灰中のカリウムが，器物の原料中の珪酸物と化合して珪酸カリウム塩となり，そこにガラスの一種が形成され，これが器の表面をおおって被膜を作るが，灰の中には，こうしたガラスを作る成分が豊富に存在する。

灰のおもな用途と種類・役割

用　途	灰　の　種　類
清酒直し灰	楠《くす》・樫《かし》・櫟《くぬぎ》・茨《いばら》などの木灰が主。ほかに蕎麦殻《そばがら》灰・牡蠣《かき》灰・石灰。
灰《あく》持《もち》酒	欅《けやき》・椿《つばき》・柳・茶・梅・樫・椎《しい》・柚《ゆず》・榊《さかき》などの木灰や石灰。
種麹《たねこうじ》の製造	主として椿灰。そのほか，樫・柏《かしわ》・欅・杉・楢《なら》などの木灰，稲藁《いなわら》灰。
和紙の製造	各種の木灰および稲藁・麦藁・蕎麦殻・茅《かや》・笹《ささ》などの藁灰や草灰。
麻・科《しな》・楮《こうぞ》・藤などの繊維の製造	樫・柏・楢・栗《くり》などの木灰またはそれらの木皮灰，および稲・麦・蕎麦殻・茅などの藁灰や石灰。
染料および染色	主として柃《ひさかき》と椿の灰。そのほか藁灰や樫木灰。
焼物の釉《うわぐすり》	樫・欅・楢・柞《ははそ》・竹・松・栗などの木灰、籾《もみ》・蕎麦殻・麦などの藁灰，石灰，骨灰《こつばい》など。

うに科学的に確立されたものではありませんでしたので、空気中の生酸菌（主として乳酸菌）の侵入もしばしばで、酸の多い酸っぱい酒が頻繁に出まわっていました。そのような酒には「直《なお》し灰《ばい》」と称して木灰を入れたのです。すなわち灰の持つアルカリ性を利用して余分な酸を中和し、酸っぱい酒を矯正するのに使われたわけです。そのため江戸新川の酒

問屋町には灰屋が三軒ほどあったということです。*4 このほか灰を原料の一部として造る酒もあって、身近な酒を一つとりあげても灰と酒との関係は実に歴史が古いのでありますが、この酒と灰の事に関しましては章をあらため後述いたします。

ところで、先程ちょいと申し上げましたが、灰を売り買いして巨額な富を残し、元禄豪商の一人として名を馳せたのが灰屋紹益《はいやしょうえき》であります。その父はこれまた有名な灰屋紹由《じょうゆう》で、この親子が灰で大いに稼いだわけです。この二人の横顔《プロフィール》をまずもって紹介いたしました後、実は紹益、ただならぬ酔狂な人物でありましたので、その辺りを調べました結果を少し、述べさせていただきましょう。

〈灰屋親子の横顔〉

〔灰屋紹由《はいやしょうゆう》〕　?〜一六二二（?〜元和八）年。江戸前期の豪商で、灰屋紹益の父。京都人。家々からでる灰を集めてこれを売り、巨額な富を築いた代表的豪商。灰屋は京都の紺《こう》灰《ばい》（紺染《こんぞめ》に用いる灰）を扱う商人で、鎌倉末以来、代々紺座《こんざ》を支配する上層町衆であった。連歌、茶の湯、蹴鞠《けまり》に熟達していたという。

〔灰屋紹益《はいやしょうえき》〕　一六一〇〜九一（慶長十五〜元禄四）年。灰屋紹由の子で江戸前期の著名な文人。京都の生まれ。父同様、京都の上層町衆の一人で多芸を誇り、和歌と俳諧を烏丸光広、松永貞徳に、蹴鞠を飛鳥井雅章に、茶の湯を千道安に、書を本阿弥光悦に学んだといわれ、一六五六（明暦二）年に法橋《ほっきょう》（僧の位の名で法眼に次ぐ律師五位に相当するものであるが、儒者、仏師、連歌師などにも授けられた）に叙せられた。京六条三筋町の名妓吉野太夫を正妻にしたことでも有名で、太夫が死んだ時、紹益はその遺灰を毎日少しずつ酒盃の中に入れ、太夫を偲びながら酒とともに全て飲んでしまったという話もある。まさに灰屋紹益らしいエピソードである。公家や文人・武士達との交際も広く、随筆『にぎはひ草』は著名で、文化史の資料として貴重である。大変な多芸、風流、達筆家で灰のイメージはまったくなく、さしずめ今でいうタレント性絶大な人物であった。西鶴の『好色一代男』の主人公世之介は、紹益が実存のモデルだといわれている。

灰屋紹益のこと

歴史上の人物で私が最も敬愛する人物の一人が灰屋紹益《はいやしょうえき》であります。囲炉裏や竈《かまど》から出る灰を買い集め、それを染物屋《そめものや》、焼物陶器屋、和紙製造者などの需要先に送り込んで巨額の富を築いた元禄豪商の一人なのですが、この紹益、まことに多才な人物でございました。

和歌を烏丸光広に、俳諧を松永貞徳に、蹴鞠を飛鳥井雅章に、茶の湯を千道安に、書を本阿弥光悦にとそれぞれ当代きっての一流どころに学んだ知識人でありましたので、当時の京都では最も多芸多才な上層町人として憧れられた人物でもありました。明暦二（一六五六）年には法橋《ほっきょう》に叙せられておりますが、この法橋とは僧位の名のことで、法眼《ほうげん》に次ぎ律師五位に相当し儒者や仏師などの中から著しい活躍をした者に授けられましたから、町人がこの位に就くのはまことに珍しい例であります。また紹益は『にぎはひ草』という著書も出していますが、これなどは今日でも文化史の上で貴重な資料となっている名著であります。

さて、西鶴の『好色一代男』巻五の中に「後は様つけて呼ぶ」という一編があります。京六条三筋町の遊女屋林家に抱えられていた当代きっての名妓、二代目吉野太夫（一六〇六～四三）が、生涯一度だけ太夫に逢いたい一心で金を貯めた小刀鍛冶の弟子の心情を哀れんで、ひそかに一度だけの情を適えてあげる話であります。

太夫は自分のとったこの行為を身も心もひかれている最愛の人、世之介にありのまま隠さず話したところ、粋人で通る世之介は「それこそ女郎の本意である」といって太夫の行為を許し、その粋な話に感心して太夫を身請けし妻に迎えるという有名な人情艶話がこの物語です。

この世之介のモデルこそ、実は紹益その人とされており、実際に紹益の建てた太夫の墓もございます。二人は愛し合っていたのですが、太夫は三六歳でこの世を去りました。今でいう結核にかかり肺を患ったらしいのですが、この別れは世之介にしても太夫にしても身を引き裂かれるほどの思いであったに違いありません。

その紹益が素晴らしいほどの奇人となったのはその時のことであります。当時は特に異例でありましたが、紹益は太夫を荼毘《だび》で送りその遺灰を美麗な壺に残らず納めました。そしてその遺灰を毎日少しずつ酒杯の中に入れ、太夫を偲びながら酒とともに全部呑んでしまったということです。

その時に紹益が詠んだ歌も残っておりますが、これとて死別の苦しさを山に譬えた「死出の山」を織り込んで、

都をば花なき里になしにけり
　吉野は死出の山にうつして

いくら灰屋で大成功を遂げた紹益といえども、最愛の人の遺灰一体分を全部自分の体の中に入れてしまったのでありますから、まさにダイナミックな愛し方といえましょう。きっと太夫の霊魂《たましい》は紹益の体に棲みついて紹益を守ったに違いありません。彼は当時にしては珍しく八四歳の天寿を全うしましたことがそれを物語っていましょう。それにしても吉

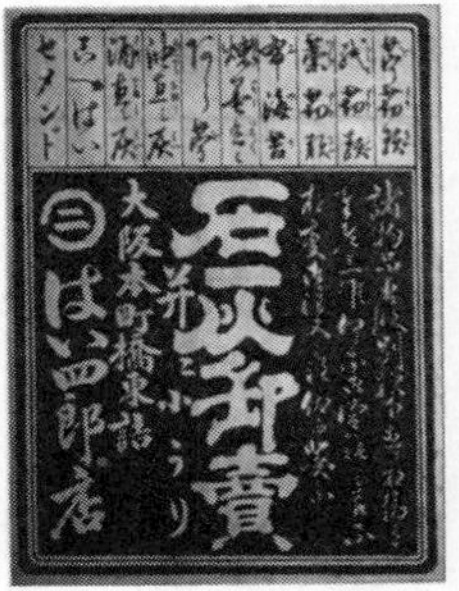

野太夫のような愛され方をしたならば、人の最期として、これ以上の遂げ方はありますまい。

ところで灰といいますと、今日では全く顧みられなくなりまして、その存在すら忘れられてしまった物のひとつであります。しかし、最期は誰もがその灰になるのでありますから「自分の最期の姿はこれなのだ」としみじみと思いながら、生きている今のうちに、しっかりと灰をみつめ大切に敬わなければなりません。

ところで、その灰屋は一体いつごろまで続いたかと申しますと、大正期（一九一二～二六）まで、所々で見かけたのですが、昭和にはいると、めっきりと数を減らし、ついに昭和一〇（一九三五）年には、兵庫県川辺郡《かわべぐん》尼崎《あまがさき》町築地《つきじ》大黒橋《だいこくばし》西詰《にしづめ》（現尼崎市）にあった大手の木灰屋、大嶋嘉兵衛が暖簾《のれん》をおろし、以後は写真のような看板を掲げ灰の売買だけを商う灰屋はほとんど姿を消してしまいました。木灰に代わる大量の石灰《せっかい》の登場、大規模な苛性曹達《ソーダ》会社の設立、安い骨灰《こっぱい》や貝殻灰の利用など、木灰にとって太刀打《たちう》ちできぬほどの強敵が、短期間に次々と登場してきたためであったからです。

(1)

(2)

石灰の製造図／近江や美濃の石灰（いしはい）は，当時染灰や散灰《まきはい》に重宝されていた。図は石灰石の切り出し（1），石灰石から生石灰の製造（2）の様子である。原料の石灰石を高温にさらして，その主要成分である炭酸カルシュウム$CaCO_3$を酸化カルシュウムCaOに変え（$CaCO_3 \rightarrow CaO + CO_2$）ているのである。こうして得られた$CaO$は，使用時，水に合うと水酸化カルシュウム$Ca(OH)_2$ができ（$CaO + H_2O \rightarrow Ca(OH)_2$）このアルカリ液はさまざまな産業に使われた。（『山海名産図絵』より）

Ⅱ　灰と食

灰を利用した酒燗器／いぎり（チロリ）素焼

食べものと灰

灰と殺菌力

十数年前になりましょうか、秋田県鷹巣町の周辺の寒村や、山形県と福島県との県境、白布《しらぶ》の湯周辺、そして米沢市周辺の村々などを訪ねまして、その土地の地酒や山の料理を探究していました時、大変興味のある話を耳にいたしました。そもそもこれらの土地には昔から鳥類、野兎、猪、熊などを狩猟してそれを糧に生活する「マタギ」または「鉄砲ぶち」と称する人達がおりました。今は非常に少なくなっておりますが、彼らは一度山に入りますと、場合により一週間、二週間と山にこもって獲物を追い続け、里におりてこないこともありました。特に大雨や暴風雨、大雪、吹雪など自然が鎌首を振り上げて荒れ狂った時などは、山の小屋や岩場の洞穴などで天候の回復を祈り三日、四日と待機することも少なくありませんでした。このような時、獲物が手中にある場合は、それで飢えをしのぎ胃の腑は満たされましょうが、もし全く獲物がなく、里から持参した食料も尽きた時にはいったいどう持ちこたえたのでありましょうか。

さて私が耳にした話はおおよそ次のようでありました。猟師は獲物を捕えると、その獲物の一部で非常の場合の保存食を作ります。まず雉子《きじ》や野兎などの獲物は、肛門よりY字型の木の枝を挿入し、これを捩り廻して内臓を巧みに引き出します。次に枝葉を集めてきて小さな枯れ葉の山をつくり、野鳥の場合は羽根や毛を毟《むし》らずに水に浸し、また野兎の場合は毛皮を剝いでこの中に入れ、さらに入念に上から枯れ葉と生葉の混じったもので覆って火をつけます。これを「ほど焼き」又は「ほど蒸し」というらしいのですが、葉は獲物のまわりをつつむ部分のものは湿っている生葉、外側のものは乾燥している枯れ葉とします。火は枯れ葉を燃やしながら生葉を燻していきますので、獲物は一種の燻製になる。これを取出しまして、周りに積もった灰を肛門から内に詰め込み、外側にも万遍なく塗《まぶ》します。これを山小屋とか、後日いずれ立寄る洞穴などに籐の蔓《つる》の紐で吊して風乾しておき、非常の食とするとのことです。一年間は楽に持つといい、食べる時には灰を清水などで洗い落し、焼きあたためて食べるのだそうでございます。

さて、これは一見、原始的な保存法と思われましょうが、実は大変に化学的で巧みな方法であります。獲物は枯れ葉の燃える時の煙によって燻《いぶ》されて一種の燻蒸法による燻製としての保存食となったわけで、くわえて木灰そのものの持つ強いアルカリ性を、空気や土壊中の微生物が極度に嫌うための効果をねらったものなのです。つまり二つの防腐法を相乗的に実にうまく取り合わせた極めて効率の良い保存法といえるのであります。山の中に冷蔵庫があるわけでなく、命の綱として保存しなくてはならない、必要が生んだ知恵というべきでありましょう。この方法は多くのマタギが行ったものではなく、ごく一部の地方の人達に秘伝的に伝えられていたようでありますが、とにかくもこのような保存方法があったことは、灰の特性を大変よく知っていたためなのでしょう。

馬鈴薯を畑の中に埋めて芽を出させる時、丈夫な芽が出るようにと種《たね》の馬鈴薯を包丁で半分に切り、切り口面に木灰をたっぷり塗《まぶ》してから埋める農法をご記憶の読者もあろうかと存じます。丸いままの馬鈴薯では芽が多く出すぎて、栄養のバランスも不均衡ですから半分に切って丈夫な芽を出させ、茎をつくらせるためでありましょうし、丸い馬鈴薯一個を切り、二個にすることは種《たね》の数を増やすのにも有利であります。

では一体、なぜ切り口に木灰をつけるのか。多分、馬鈴薯は、アルカリ性土壌を好む植物なのかも知れないし、あるいは肥料源として灰の主要成分ともなっているカリウムを強く要求するためであるかも知れないとお思いでしょう。ところがこの芋は、特にカリウムを要求するというものではないらしく、むしろ積み肥などの窒素肥料を好むうえに、最適土壌pHは五・〇から五・三とむしろアルカリ性土壌より弱酸性がよいとされているのです。

その上、土壌がアルカリ性に傾くと、痂皮病《かひ》（かさぶた病）という病気にかかる危険まであるともいわれています。そこでどうやらこの場合の木灰の効は、種芋の殺菌、消毒、防腐の三役を司っていると考えられるのでした。

と申しますのは丸々とした種芋を包丁で切断した面は、非常に高い栄養源があって、馬鈴薯一〇〇グラム中には糖質一七グラム、蛋白質二グラム、脂質〇・一五グラム、繊維〇・五グラム、カルシュウム五ミリグラム、リン四三ミリグラム、鉄〇・五ミリグラム、ビタミンB_1〇・〇五ミリグラム、ビタミンB_2〇・〇三ミリグラム、ナイアシン一ミリグラム、ビタミンC一五ミリグラムなど含まれているのです。

それでなくとも土壌の中には実に強い生命力と耐久力のある雑多の微生物がウヨウヨ棲息しているのでありますから、そこへこのような栄養豊富なものが入って行きましたならば、そこはあっという間に土壌微生物に占められてしまいます。なにしろ土壌中では、一般細菌類の他に放線菌、糸状菌、脱窒菌、還元菌などがひしめき合って微生物相《ミクロフローラ》を作っているのです。そこに存在している微生物の数は、一般の畑土壌一グラム（小匙三分の一量程度）を例にしましても、何と五億から二〇億もの細菌数で占められているわけです。もしここで馬鈴薯の切り口に木灰を付けずに畑の土壌に埋めたとしたら、たちまちそこは微生物の巣になってしまい、種芋《たねいも》は腐敗して芽を出せなくなります。しかし、それらの土壌微生物は灰の持つ強いアルカリ性に対して生存できないのです。木灰をつける理由もおのずとこの辺から考えなくてはなりませぬ。

灰が食物の保存の手段として用いられる例はほかにもあります。例えば徳島県に特産する「鳴門わかめ」は、採取した原藻を木灰に塗して砂上に広げ、乾燥した後、灰と塩分とを洗い去ります。次に充分にこれを乾燥させたものに灰を塗して製品とするのです。この独自の製法を灰乾法というのですが、この方法によってつくられたわかめは、塩分を取り去った後も灰の効用で充分貯蔵に耐えることができ、その上、木灰の持つアルカリ性はわかめをいつまでも採り立ての風味と新鮮な色に保つ効果も兼ね備えるもので、灰の持つ多くの特性を巧みに使った古くからの知恵なのです。

塩灰

塩は生きものにとって不可欠、必須の無機物で、人間にとって最も重要なものの一つであります。今日我々は塩を実に容易にしかも安価に手に入れることができますが、未開の山岳先住民にしてみれば、これはきわめて大変なことなのであります。本多勝一氏はその紀行書『ニューギニア高地人』[*5]の中で、先住民が、鍋も器も使わずに実に原始的な方法で塩を採る際の灰の役割について、まことに興味深く述べておられますので紹介いたします。

ニューギニアの高地人パプアは海岸パプアとほとんど交易せず、その上、内陸には岩塩も出ません。彼らは芋を主食とする植物食の人たちなのですが、塩は一体どうしているのでしょうか。ジャングルを切り開いて芋畑をつくる作業では汗も多く流しましょうから、なおさら塩を必要とします。本多氏はこの謎を大要次のように説明しています。

ウギンバ村から先住民の早い足で五日行程ほど東にホメヨという部落があって、この部落の下、ケマブー川沿いのがけには「クムパ」（塩の出る場所）と呼ばれている塩分をかすかに含んだ水が湧き出てくるところがあります。塩水から塩を採る最も一般的方法は、塩水を煮つめて水を蒸発させ、塩を残す方法でありますが、容器のない生活を送っているここの住民たちにこれは不可能であります。

そこで彼らは、塩水の湧き出ているところまで行って、土手の下の土を掘って直径数メートルの池をつくります。次にクキが太くて水分の含みやすい草を刈ってきて、束《たば》ねてこの池に投げ込み、一昼夜放置します。翌日、塩水を吸い込んだ草束を池から引き上げ、池の近くの空地に運びます。次に薪《まき》を積んでたき火をし、その上に草束をのせるのです。薪の山が灰となるころ、塩を含んだ草束もあまり形がくずれないまま黒い灰となって残り、表面にこまかな塩の結晶が吹き出します。しかしこの結晶は拾い集められるほど大きな塊ではありませんから、たき火をしたすぐ横の場所に直径一〇センチほどの穴をいくつも掘り、比較的幅の広い木の葉をこの穴に入れて並べ袋状にします。これに塩を含んだ灰を入れては水を少しずつたらして湿らせながら石でたたくわけです。こうしてたたかれながら次から次にかためられた塩灰は、木の葉ごと穴から掘り出され、袋状の上部をツル草で結んで作業の終りとなります。出来上った塩包みはタケノコのような形をしており、しばらく放置すると、塩と灰が混然としたまま、黒い岩塩かと思われるほどコチコチになるといいます。

この塩灰の塊りは高地パプアの最も重要な交易品で、一種の貨幣と考えてよいものだそうです。鍋も食器もない先住民が、薄い塩水から灰として濃い塩をとりだすという、人類文明史の発展過程を現代に再現しているような貴重な報告であります。それにしても、人は生きるために、実にさまざまな工夫や知恵を発揮しますねえ。まったく驚くことばかりです。

灰で焼く食べもの

灰は食べものを調理する際の道具として使われる例もみられます。これは灰の持つ保温性(温灰《ぬくばい》)と熱伝導性との調和をうまく利用するもので、一例としては山奥の村々でみられた「茶の子」と呼ばれる一種の団子があります。朝食前に野良仕事に行く人が、出がけや道すがらに食べていくもので、粟稗《あわひえ》屑粉を挽《ひ》いて水でこね、ゴム毬状の大きさにしたものを前の晩から炉の火の下の灰中に埋めておき、翌朝掘り起して灰をはらって食べるのであります。こうすることにより、温灰の熱によりちょうどよい食べ加減に焼き上っていますから、早く起きて朝食の準備をする手間が省け大変楽でありました。

　灰を使うこのような調理法につきまして柳田國男は、日本人の主食である米の調理法は古代ではおそらく灰が主として使われていたのではなかろうか、と推察しています。[*2]と申しますのは普通の土焼きの鍋や釜では、焼きものの技術が充分でない古い時代には、それに米と水を入れて火にかけるとすぐにヒビが入り割れて使いものにならなかったはずで、そのため米は「ホド蒸し」のように水に浸した米を木の葉などにつつみ、熱灰の中に埋めて火をたいて調理したのだろうというのです。柳田國男は「ホド蒸し」とだけ表現していますが、これはきっと「熱蒸」と書くのかも知れません。

　比較的最近まで灰に食べものを埋めて調理した例が、増田昭子氏による「檜原村の食物誌」[*6]にございます。檜原村は東京都西多摩郡にあり山梨県との境界の村で、ここでは古くから稗《ひえ》や粟《あわ》などを栽培し、これを食料としてきましたが、中でも「稗餅《へーもち》」は比較的最近まで食べ続けられたものの一つであるということです。これは稗を搗《つ》いてコシキ（木製の蒸し器）で蒸し、餅にするものですが、これだけではどうしてもボロボロとなるので、これ

焼いも屋（『江戸商売図絵』より）

にネネンボウ（ウラジロ科に属する植物）を入れて粘りを増させるそうです。ネネンボウは五月の節句ごろ、山に行って虫喰いのないものを取ってきてシンを抜き葉の部分を干し、これをよく揉んでおけば一年中使えるといいます。餅にするときはこれに灰を加えて茹《ゆ》で、一晩ふやかしてアク抜きしたものをおむすびくらいの大きさにして米餅や稗餅を搗くとき入れるのです。灰でゆでるのは、アク出しと同時に非常に美しい緑色を出すことができることによります。この一種の草餅は他の焼餅同様、囲炉裏の灰の中にたっぷりと埋めて焼き、灰をたたいておとして食べるのであります。あらかじめ両面をほうろくで焼いて食べる焼餅もありますが、やはり灰の中で焼いたものが格別にうまいということです。

そういえば熱い灰の中に生栗を入れ、時として栗が大きな音とともに破裂して灰もろとも囲炉裏に飛び散ることにこわごわしながらも、ほんのり甘い焼き栗の味を楽しんだこと、そして何より茄子《なす》のうまい食べ方は、採り立てを熱灰に埋めて焼き、熱いうちにふうふういいながら灰を払ってしょうが醤油で食べる喜び、馬鈴薯やさつま芋の灰焼きの香ばしさ等々はたまらぬなつかしき味でございまするなあ。

では何故、灰に埋めて焼く餅や芋が美味しいのでありましょうか。これは実に興味のある問題でありまするが、この科学的根拠は、灰の中で焼くという加熱法の一大特徴が、焼かれる材料の表面と内部との温度差にあり、表面温度が二〇〇度C以上の高温にさらされても、中心の温度はめったに一〇〇度Cを超えることはないという点にあるのです。と申しますのは、芋や餅のように大型でその上澱粉質の多い食品を焼こうとするときは、人間が消化できるα型澱粉になるまで内部に充分火を通すことを必要とするのですが、灰で覆うことにより内と外との温度差を小さくすることができ、そのため表面を焦《こ》がすことなく、ゆっくりと熱が内部にまで伝導していってちょうどよく焼けるわけなのであります。その上、このようにして少しずつ加熱していくことにより、芋の中にある澱粉分解酵素すなわち芋の主成分である澱粉を分解して甘味の強いぶどう糖にする酵素が作用して、芋に甘い糖分を増やす効果があるからだともいわれています。[*7]

卵の灰漬け

灰がアルカリ性を呈するために、調理の材料となっている例に卵の灰漬けがあります。その代表的なものが皮蛋《ピイタン》で、別名を醃蛋《エンタン》とか黒卵《くろたまご》、どぶ卵《たまご》とも呼ばれる中国独特の卵の加工品です。近年日本にもかなりの量が輸入されて、中国料理の前菜に必ずといってよいほど出されます。食べる時、割った直後にアンモニアと硫黄の臭いがしますが、やがてこの臭いは飛散して消えてしまいます。原料はアヒルの卵で、製造の大要は、塩や石灰、草木灰などに水と土を加えてこね、粘りのあるものとしてから卵の表面に一センチメートルほどの厚さに塗り、甕の中に入れて三～六カ月間密閉貯蔵いたします。この間、卵の殻の気孔は密閉されていますから、微生物の汚染は防止され、一方では灰などからのアルカリ成分が卵の内部に浸透してまず卵白の蛋白質をゆっくりと変性させてゼリー化し、黒褐色を呈させ、次に卵黄蛋白質にも変性が起こって青黒色の凝固体となり出来上ります。製品の水素イオン指数pHは八～九とアルカリ性を呈して、長期の保存に充分耐えられるものになっている次第であります。

皮蛋の製造法は、製造者の経験や製品の味加減によって異なりますから各種各様でありますが、『食譜大全』による李公耳氏の法と、来雲騏氏の法は大要次のようでありますのでご参考のために載せておきましょう。

〈李公耳氏法〉

鶩卵（あひるの卵）百個卵殻に附着せる汚物を洗滌し後風乾す。紅茶葉百五十瓦（煎じてその濃汁を用いる）、食塩三百七十五瓦（砕いて粉末として使う）、生石灰三百七十五瓦（前者と同じく粉末として用いる）、木柴灰（炭灰）二立、礱糖《ロウトウ》（籾殻）約五百五十瓦、鹹《カン》（蒙古産の天然曹達）百二十三瓦を原料とす。まず木柴灰、生石灰の粉末、食塩及び鹹を混合し、これに紅茶汁を加えてよく捏ねる。これを鶩卵の上に厚さ二、三分に均一に塗り付け、さらに籾殻を散布して甕の中に容れて甕口を竹皮又は油紙で密閉し、約四十日間静置して製造する。製造中の温度は二十四～二十五度Cを適当とするが、場合によっては室温に放置するだけの事もある。速製するには石灰の加量を多くすればよろしい。製造の際、柏、竹又は梅などの枝や花を焼いた灰を容れれば、製品の白味の部分に原料灰の種類に相応した模様が表われよう。

〈来雲騏氏法〉

製造の器具や操作は李公耳氏法とほぼ同様であるが製造原料の配合が異なる。その配合は鶩卵百個、生石灰三百九十瓦、木柴灰二立、紅茶葉三十九瓦（煎じて濃汁となして用いる）、鹹百二瓦、食塩九十四瓦である。

皮蛋はこのほかその生産地によっても製造の配合は異なり、中国の代表的都市である北京、重慶、武漢の例をみると次のようであります。

北京皮蛋
鴨卵百個、食塩三十瓦、生石灰三百五十瓦、曹達二百瓦、草木灰四千瓦、茶汁一・五立、籾殻二百瓦。
重慶皮蛋
生石灰三、木柴灰八、草木灰二、食塩適量の配合割合で調整したものを以て原料卵を覆う。
武漢皮蛋
鴨卵百個、曹達六斤、食塩二・五斤、生石灰三・五斤、茶汁五斤、蜜陀僧〇・三斤、灰及糠適量。

なお出来上った製品は卵白は淡褐色、茶褐色又は黒褐色を呈し、寒天のような光沢を有します。そして卵白の表面から内部に至るまでは美しい縞模様を表わしていて、卵黄は凝固状をなしていて色は深緑色から黒緑色であります。最良品は卵白が淡褐色、卵黄が外層暗緑色、中層黄緑色、内層暗緑色の区別が判然とし、かつ糊状を呈するものとされます。なお中国の代表的な皮蛋の分析値は水分五二%、粗蛋白質一三%、粗脂肪二五%、粗灰分一〇%とあります。食用に供する時は包丁で切ると卵黄が刀身に糊着して形状を崩しますから、木綿糸を用いて中味を丁寧に細く切るのがよろしい。厚さ二、三分で七、八片に輪切りとし溜《たまり》醬油などをかけて若干時間放置し、硫化水素臭、アンモニア臭が逸散した後に食べるのがよいと存じます。私が大好きなのは、絹豆腐を冷奴のように平皿に盛りましてから、その上に皮蛋のみじん切りとカイワレ大根のみじん切りを撒き散らしまして、さらにその上から胡麻油醬油を滴加してから酒の肴にするのです。これはうまい。頰っぺたが落ちるのではないかと心配するぐらいうまい。なお、本場中国では卵の凝固状態によって皮蛋を二種に分け、凝固状に固まったものを皮蛋《ピイタン》、糊状を呈して軟かいものを鹹蛋《シエンタン》、別名　醃鹹蛋《エンシエンタン》と区別しています。この鹹蛋の製法や製品の性状を『食譜大全』にみると次のようであります。

鶩卵（鶏卵にても可）百個（洗滌後風乾したるもの）、食塩三百匁、酒三百匁、紅茶汁二杯、藁灰又は炉灰一升六合を原料とする。まず適当な容器中に食塩、黄酒《ホアンチュウ》（黄酒とは紹興酒の別名でもあるが、もちきび、もちあわと麴子《きょくし》から製造した醸造酒をさす）、紅茶汁、灰を投入してよく攪拌混合し、糊状を呈せしめ、之に浸漬するか、又は皮蛋の場合の如く卵の外殻に混合物を塗布し甕に入れ、口を密閉して約一カ月余放置する。広東方面では主に此の方法によっているが、上海方面では赤土、粉土に多量の塩を加え、温湯で練り、甕に入れ、これに卵を浸漬して二十〜三十日放置する方法をとっている。製品は卵黄が糊状を呈し、帯赤黄色、卵白は浸漬当初と殆ど変化なく稍々粘り気を帯びている。食する場合は、一旦水洗したる後、茹卵《ゆで》のように二、三十分間茹で、冷まして皮のまま中央から包丁を入れて二分して用いる。中国の一般家庭では、茹でる手数をとらずに大概、粥《かゆ》に煮込んで食する。茹でた後二分した時、白身と黄身の間に脂肪の滲出しているのが上等品とされ、江蘇省高那県の産は特に油黄といって珍重される。

『斉民要術』の灰と食

中国南北朝、北魏の賈思勰《カシキョウ》の名著に『斉民要術』があります。この本は現存する中国最古の農業書で、全十巻より成っており、主要農産物の耕作栽培技術から畜産、食品製造、酒の醸造に至るまで当時の中国のあらゆる農業について解説されていますが、ここにも灰はかなりの頻度で登場してくるのです。その中から、食に関係するものをいくつか紹介することにいたします。そこからは当時の中国の人たちが食べ物の製造において灰をどのような役割として使っていたのかが知れて参りますので興味深いことなのです。

〈葅（つけもの・すづけ）・蔵生菜（かこいな・つけうり）の法〉

まず霜下《ごし》の老白の冬瓜《かもうり》を取り、皮を削去り、肉を取って正方形に薄切して手板《ふだ》状にし、灰を細やかに施した上に瓜を羅《ならべ》て、また灰をこれに覆う。杭皮と烏梅《うばい》の煮だし汁を器中にとる。瓜を細く切り、方三分の長さ二寸にして、これをよく煠《ゆが》いて、梅汁に投ずる。数日すれば食える。醋石榴子《すざくろのみ》をその中にいれると、これまた佳いものである。

〈生菜・果実類の加工・調理法〉

(1) 菜・果の生蔵。採種兼用として穀滓・砂・革袋などで保温越冬する根菜・毬果類にはじまり（蒜・生薑・芋・栗）、灰汁に浸した後に貯える漿果（柿）、更に窖蔵する漿果・生菜に至るまでみえる。（葡萄・梨・第八八蔵生菜法）。

(2) 菜・果の乾蔵。これには生乾蔵と加熱乾蔵がある。生乾蔵の中にも浸灰汁又は塩汁の予措をするものがある。また加熱乾蔵に至っては蒸乾と蜜煮乾に及ぶ。すなわち、

イ、単なる生乾蔵が多い（上冊）――蓄瓠・芋腊、乾葵以上の乾菜、乾薑、棗脯、棗麨以下の果脯・果麨・茱萸・椒など、また桑の乾椹などがある。（このうち香辛料は二二節(5)に述ぶ）。

ロ、浸灰汁・又は塩、乾蔵（上冊）――烏梅不蠹法・食経蔵栗法、白梅・筍䈪。（後二者は塩乾、これらは菹に近づく）。

ハ、蒸乾蔵――蒸乾蕪菁根・楡莢（上冊其篇）。（なお、煮塩蔵には巻十に菰蒻コモノ

コが見ゆ)。
二、蜜煮乾蔵——乾葡萄法・食経蔵木瓜法（上冊其篇）。（第八七）蜜薑（第八八蜜薑法又法に同じ)。

柿貯蔵法

柿の熟したのを採って、灰汁で澡《さわ》すこと両三度。乾かして、汁を切って器に入れておくと十日後には食べられる。

木瓜《きうり》貯蔵法

爾雅にいう、「楙は木瓜」。郭璞註にいう、「実は小瓜に似ており、酢にして食べられる」。広志にいう、「木瓜はその実は貯蔵に耐え、その枝は数号をつくるに適す。一尺で百二十節」。衛詩にいう、「我に木瓜を投げ与える」。その毛伝にいう、「木瓜とは楙のことである」。時義疏にいう、「楙の葉は柰の葉に似ている。その実は小瓜に似て、表面は黄色、粉を吹いたようになっていて、好い香りがする。食べるには切って熱灰に入れて萎びさせ、きれいに洗って苦酒《す》と豉汁と蜜をかけると酒食の膳に供することができる。蜜に漬けて封蔵すること百日にして此を食えば、甚だ人身を補益する」。

柰麨の作り方（柰とは大型のリンゴのことである）

爛れた柰を拾って来て甕に入れ、盆で口を蓋して蝿を入らせない。六、七日ほどして充分爛れたころ、酒をヒタヒタになるまで注いで、勢よく抨《か》きまぜて粥状にする。それから水を注いでまたかき混ぜる。羅《きぬ》で漉して、皮と種とを去る。やや暫くして澄んで来たら清汁をあけて、更に水を注いで抨《か》き混ぜること初回のとおり。嗅いでみて臭気がなくなったら止めて、汁をあけ、上に布をかぶせ、灰をもって汁気を吸い取らせることは米粉の製法に同じ。汁気が無くなれば、小刀で梳掌《こぐし》の大きさに切って、日に曝して乾かし、研《す》って粉末にすれば出来上る。甘酸適度にして殊に香りがよい。

蒸《むしもの》・䍱《むしやき》の法

「胡炮肉（むらしやき・ちょうづめ）の法」。肥えた白羊《めんよう》の肉、生れてやっと一年になるのを殺してすぐ生のまま細葉状に縷《いと》切し、脂もまた切る。渾《まる》豉・塩・擘《さき》葱白・薑・椒・蓽撥《ひはつ》・胡椒を着けて調え適わす。羊の肚《はらわた》を浄に洗い、これを翻す。切った肉・脂を肚の中に納め、ほぼ満ちるところで縫《とじ》合わす。垾《つか》中に坑を作り、火を焼いて赤くしてから灰火をとりのぞき、肚を坑中に納めて、もとどおり灰火を覆い、この上で更めて火を燃す。一石米を炊く頃あいで熟れる。香美なこと、常のものとは異なり、煮もの・炙ものには例がない。

白醪麴《しろざけこうじ》の法

「白醪麴を作る法」。小麦三石を取り、そのうち一石は熬り、一石は蒸し、一石は生まとする。三とおりを等量ずつ和ぜ合わせ、磨いて屑末にする。胡菜湯《おなもみ》を煮だして、宿《よい》ごして冷まし、麦屑末に和ぜて擣《つ》き熟《こな》す。踏んで餅にする。それには鉄（板）を円くして径五寸・厚さ一寸余りの範《かた》を作る。牀《とこ》の上に箔《えびら》を置き、箔の上に籧篨（たけむしろ、粗竹蓆）をのせる。籧篨の上に桑の薪灰を置き、厚さ二寸とする。胡菜湯《おなもみ》を作って沸かしておき、籠の中に麴を五、六餅ばかり盛って、この湯の中に着けて、少時して出し、これを桑灰の中に臥せて置き、生の胡菜を用いてこの上に覆い、それで宿《よい》をこす。夜露に湿らせないようにしさえすれば、麴を薄く満遍なく覆うていどでよい。七日で翻し、二・七日で聚め、三・七でとり収め、曝《そとざらし》して乾かす。麴作りの屋《へや》は戸口を密に泥ぬりして、風が入らないようにする。若し牀では小さすぎて、これに麴を多くおくわけにはいかぬ場合は、牀の四角の端《すみ》に槌《えびらかけ》を立て、椽《たるき》に箔を重ねて置き、養蠶の仕法どおりにすればよい。この麴は七月に作る。

酒と灰

麹造りと灰

昔から日本酒造りには「一麹《こうじ》二酛《もと》三醪《もろみ》」という教訓があるのです。つまり酒造りにおいて一番大切なのが麹で、次に酒のもととなる酒母、その次は発酵を主とする醅《もろみ》であるというたとえです。中でも麹は酒造りにおいて最も大切な部分とされ、今でも酒蔵ではこの考え方が守られ続けているのです。そのためうまい酒を造るには、どうしても良い麹をつくる必要があり、すでに室町時代には麹の種《たね》、正確に申しますと麹カビの胞子でありますが、これを専門に製造し、商なう商売が実在していたことからみましても、昔から酒造りの歴史は麹造りの発展とともに歩んできたといえるのであります。その商売を「種麹屋《たねこうじや》」といいます。室町時代に開業したこの種麹屋の一つに、現当主が二十八代目になる麹屋三左衛門老舗があります。はじめ室町時代に京都で開業し、そのまま つい最近までその地に在ったのですが、今は工場や研究所が大きくなったので愛知県豊橋市に移って業を営んでいます。今も種麴の製造、販売に盛栄をきわめているこの会社の応接室には、今から四二〇年前に足利十三代将軍義輝公から下った許可判（種麴製造のための許可文を板に彫ったもの）が掲げてあり、当時から麴の製造は幕府直々の管理であったことがうかがえます。

ところで麴は、蒸した米に種麴をふりかけて、温度を三〇～三五度Cに保っておきますと、特有の甘い芳香を持って二日後に出来上る発酵物です。この麴中には、麴菌の生成した澱粉分解酵素や蛋白質分解酵素などが含まれていて、原料の米を溶解・分解する力を持っています。それが酵母によってアルコール発酵され、酒になるわけです。ここで使用する種麴は、実は良い麴がつくれるかどうかの鍵を握るもので、種麴が不純であったり、繁殖力が弱かったりしますと、目的の麴カビの繁殖が鈍り、糖化のための酵素力が弱かったりして満足な麴は得られず、したがって酒は劣等なものとなるのでございます。

さて昔の種麴造りは今日のように殺菌剤や無菌室などあったわけではございませんし、まして微生物学的知識も皆無でありましたから大変な苦労があったのです。ところが我が日本人の知恵はまさに驚くべきもので、この難しい種麴の製造に、単に木灰を使用するだけで、この難問を見事に解決しているのであります。

しかも古文書によりますと、種麴の製造に木灰を使用したのはすでに麴屋が商いをはじめた室町時代であるといいますから驚かざるを得ないのであります。この木灰使用の理論

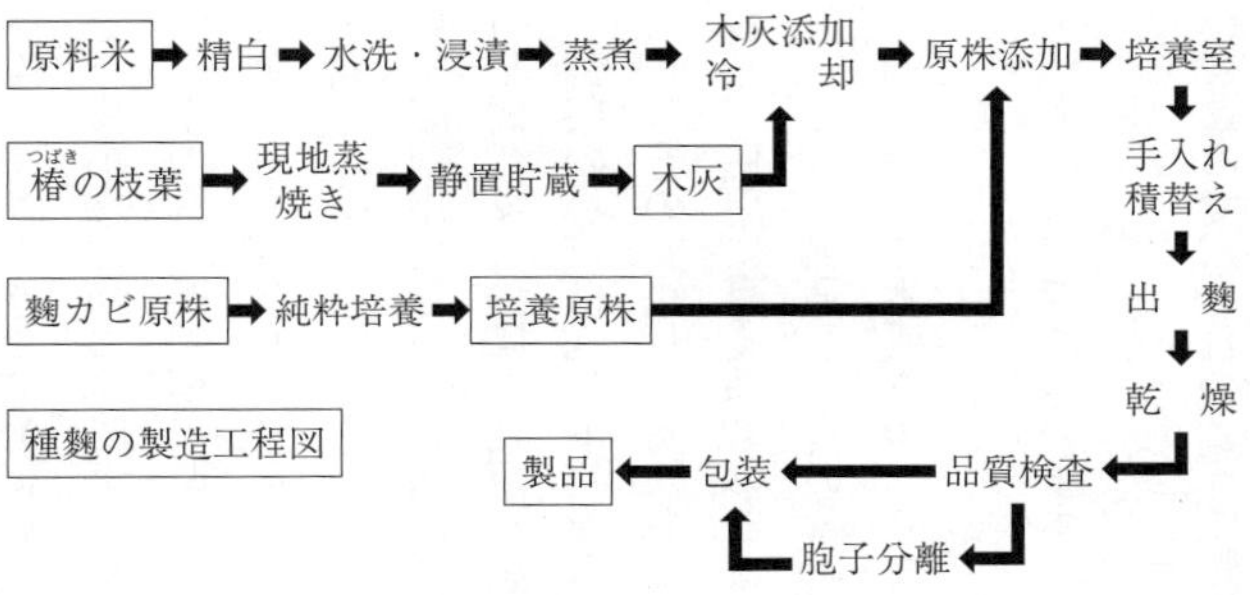

種麹の製造工程図

は現代の微生物学的見地から考えますと実に巧妙な方法で、木灰を用いることにより原料の蒸米をアルカリ性に保つことができますから、空気中や蓆《むしろ》などに棲息しているアルカリ性環境を嫌う有害微生物群の侵入や繁殖を抑えることができるという「殺菌剤としての効用」が第一にあげられます。第二の効用は木灰に含まれるカリウムやリンなどの無機物が麹カビの増殖を著しく助長し、したがって胞子の着生を大幅に促進させることができるという「栄養剤としての効果」です。そして第三に麹カビの胞子着生を阻害する酸性化合物を木灰が中和する役割をしている「中和剤としての効用」、さらに第四として、木灰の混入は蒸米の密着を疎にする物理的効果があるから麹カビの呼吸作用を容易ならしめ、したがって胞子着生をますます楽にするという「通気の効果」など、実に緻密に計算された見事な方法なのであります。種麹の製造工程を図に示しておきましたのでご覧下さい。

さて種麹製造に使う木灰の材料は、どんな木であっても良いというわけではありませんで、昔からこれに使用する原材料には厳しい条件がございました。例えば樹齢一〇〇～三〇〇年の楢《なら》、櫟《くぬぎ》、椿《つばき》、栗、樫《かし》を選び、その古木に生じた一五～二〇年くらいの若木の枝先と葉のみを採集して使用し、一切の下枝や落ち葉は使用しないのです。その上、山は必ず東向きの朝陽のよくあたる斜面で、岩質の地のものを選ぶに限るとされてきました。したがって前出の麹屋三左衛門老舗では、木灰の原材料専用の山を京都洛北の八瀬《やせ》に持ち、数百年間代々この店の仕事を請け負っている柴屋に山の管理と集荷を託してきたと申します。

葉柴の集荷は八月下旬から十月上旬までの間に一定量を刈り採り、数日間秋の陽に蔭干しし、その間決して雨にあてぬよう細心の注意を払います。雨に当てると葉は貯蔵中に変質し、使用に耐えぬものとなるらしいのですが、このようにして乾燥した葉は、一様に飴色となり、風通しの良い倉庫に一年以上保存し使用いたします。保存された葉は、使用時に適宜焼いて木灰をつくりますが、これを焼く釜は煙道を持たないかまぶろ式の特殊釜で、ここで一夜蒸焼きにした後、翌朝これを銅製の鍋に入れて再度焼き上げ、きめ細かい木灰を仕上げるのでございます。

ところで、今日のように微生物学的知識や純粋分離のための道具もなかった時代に、多くの微生物が混存しあっている自然界から種麹屋が純粋に麹カビだけをどのような方法で分離したかの謎は、明解に木灰がそれを説明してくれます。空気中には人間の目に見えぬ多種の微生物群が実に多数浮遊していて、季節や場所により一様ではありませんが、平均一立方メートル当たり一〇万個もの微生物細胞があるといわれております。この中には麹カビよりも繁殖力の旺盛な青カビやクモノ巣カビ、毛カビなどのカビ類をはじめ、多くの細菌や酵母が混存しあっているのです。古い昔にこの中から麹カビだけを純粋に分離しえたのは、木灰の効用によるものであったのです。それを証明するために実験室の片すみで、あえて微生物の純粋分離に使用する道具や薬品を一切使わずに、木灰の使用だけで空気中から麹カビのみを純粋に分離することが可能であるかを試みてみました。題して、

「実験考古学・室町時代、麹カビの純粋分離に木灰は可能か否か」

実験はカビの好む高温多湿の条件を設定するため六月を選んで行いました。まず実験室の片すみに、米を煮たものと蒸したものを木の椀に別々に入れて放置しました

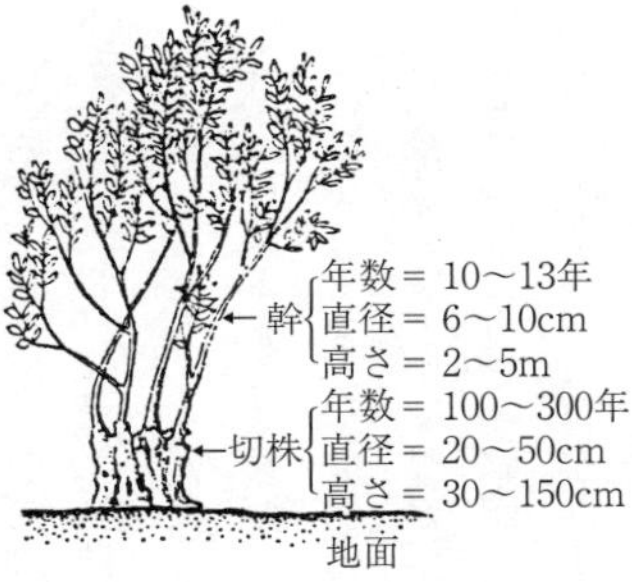

種麹用木灰原木の図

るところ、三日後にはその両者の表面に赤、青、白、黒、黄、緑などの色彩豊かなカビの小さなコロニー（集落）が着生して参りました。ちょうど神棚などに供えてそのまま忘れた古い餅にカビが生えたような状態であります。

このコロニーをよく観察いたしますと、我が目的とする麴カビらしきものも少しは着生しているようですが、非常にわずかで、はなはだ心細い。炊いた飯の方は多くのカビの出す分解酵素によって米粒が溶け、表面から下の方はドロドロの様相であり、蒸した方は米の表面に一様にカビが繁殖していました。

次にこの多種のカビが群がっている表面の部分を、木片で簡単に作った小さな篦《へら》で菌叢をくずさぬように静かにすくいとり、別の小さな木の椀に移しました。そして、これに櫟《くぬぎ》の葉を乾燥し、焼いて作った木灰を、表面がうすい灰色となる程度に上から一様にふりかけ、ここから毎日一度ずつ表面の一部分（小匙一杯ほど）を採って、それを別の小さな盃《さかずき》に入れ、直ちに自然乾燥し、この操作を一二日間続けたのであります。

さて一三日目に別に蒸した米をつくり、これを一二等分して新たな木の椀に入れ、これに毎日採取して乾燥させた一二日間の試料をふりかけて室内に放置し、麴をつくってみたのです。するとどうでありましょうか。最初の三日目くらいまでの試料を加えた麴は、毛カビや赤カビ、青カビなど雑多のカビの混合麴であって麴カビはほとんど見当らないのですが、四日目以降日数が経つにつれてそれらの雑カビ群はしだいに目にみえて心細くなり、その反面、麹カビがきわ立って目立つようになったのでありました。そしてついに一〇日目からの試料では目的とした麹カビだけの麹ができたのです。煮た米でも蒸した米でも結果は同じでした。

すなわち、この事実はまさに木灰の効用といえるものであります。日数の経過とともに麹カビ以外の微生物は、毎日ふりかけられる木灰の持つ抗菌作用のために耐えることができなくなり、しだいに死滅していき、ついに最後には木灰をむしろ好みとする麹カビだけが純粋に生き残れたというわけで、木灰を用いた見事な微生物の淘汰現象であります。こうして木灰を使えば、今日のような微生物分離用の器具や薬品がなくとも、自然界から麹カビを純粋にとり出すことは可能であることがわかりました。おそらく室町時代、麹屋が種麹造りのために麹カビを自然界から純粋に分離できたのは木灰の使用のためであったろうと存ずる次第であります。そしていかに木灰が麹カビの培養に有効であるかを知った先達者たちは、この時から種麹の製造の際には必ず木灰を用いることになったのでしょう。花咲爺さんは木灰を桜の木に撒《ま》いて花をさかせましたが、種麹屋さんは木灰を米に撒いて花をさかせ糀（麹《こうじ》）としたのでありました。

失敗酒、腐敗酒を直す灰

このように、日本の酒造りの歴史の中で木灰は種麴製造の際に重要な役割を果たして参りましたが、灰の持つ化学的性質を利用して、昔から酒の原料の一部として使ったり、酒質の矯正《きょうせい》に利用するなど灰の用途は実に多かったのであります。特に酒質の矯正では多くの酒造蔵や酒問屋で多量の木灰が消費されていました。

と申しますのは、昔の酒造りは今日のように酒造技術がたけていたわけではありませんから、微生物管理も充分でなく、出来上った酒は腐造したり酸敗したりして酸っぱいものや不快な臭いをもったものなどが少なくなかったのです。このような酒には昔から「直《なお》し灰」、つまり酒質を「直す」という意味から来た専門用語でありますが、その直し灰と称しまして、木灰を酒に加え酒質を矯正したのでありました。灰に多含するカリウムやカルシュウムなどのアルカリ性化合物が、酒の酸を中和、脱酸するのに覿面《てきめん》の効果をもつことと、木灰は臭みや雑成分を吸収する性質があるものですから、酒の不快臭や不純物の吸着、除去のためにも使用されたのです。

新潟県村上市にある歴史の古い酒造蔵、宮尾家には、江戸時代に書かれた大坂酒頭司（杜氏）の酒造密法書『酒造伝授秘法之書』が残っています。この伝書の中に「酸味有之酒直す法」という箇所があり、腐造、酸敗して酸っぱくなった酒を、木灰で中和し矯正する方法が詳しく記述されているのです。このことから日本酒に灰を加えてこれを直す方法は実に古くから行われてきたことがわかりますが、実はこの手法はつい近代まで続けられた方法でもあるのです。

また江戸末期から明治初期にかけて書かれました『酒造肝要調法記』には、その第十一条に酸味のついた酒を直す方法として次のような記述が記されています。

第十一条　酒類一切酢《す》味《み》抜《ぬき》之薬製《くすりせい》し方明法伝《かためいほうでん》

一蠣灰《かきばい》　目方《めかた》百匁《め》

但《たゞし》（フルイ）にて通《とお》して用可《もちゆべ》し蠣灰《かきばい》不都合《ふつごう》の場所《ばしょ》は石灰《いしばい》にても宜《よ》し最《もつと》も両様共品《りようようともしな》を改《あらた》め極新《ごくあたら》しき灰《はい》を用可《もちゆ》し

一硝石《しようせき》　目方《めかた》十六匁《もんめ》用ゆること

但細末《さいまつ》に致《いた》して用ゆること

一上焼酎《しやうちゆう》　一合《ごう》用ゆること

〆三品《ひん》を用ゆ

右《みぎ》の薬製方《くすりせいしかた》の義《ぎ》は焼酎《しやうちゆう》を徳利《とくり》にて極《ごく》あつく涌醒《わかしさま》さず置可《をくべ》し又直《またすぐ》に右《みぎ》の灰《はい》を（イリ）

鍋《なべ》にて能《よく》（イリ）小桶《こをけ》え移直《うつしすぐ》に硝石《しょうせき》を交直《まぜすぐ》に焼酎を入都合《いれつごう》三品共交《ひんともまぜ》たれは早《はや》く（アツイ）所《ところ》を能掻廻《よくかきまわ》す可し是《これ》は手早《てばや》く致《いた》し灰《はい》の醒《さめ》ない内《うち》に能掻廻《よくかきまわ》す可し左《さ》すれば直《すぐ》に上々酢《す》味抜大白灰《みぬきたいはくばい》と称《しょう》する薬《くすり》に相成可《あいなるべ》し薬醒次第《くすりさめしだい》に用《もちひ》て宜《よし》一流《りう》の明法伝也《めいほうでんなり》

但用方《もちひかた》は次《つぎ》に記《しる》す右《みぎ》の薬品《やくひん》を一度《ど》に多分製《たぶんせいし》て置《おく》ことは宜《よろ》しからず故《ゆへ》に入用《いりよう》の際《さい》新《あらた》に製《せいし》て用《もちゆ》可し若又《もしまた》用　残《もちひのこり》に相成《あいなり》たる時《とき》は直《すぐ》に空気《くうき》の入《い》らぬ入物《いれもの》え入置《おく》可し右《みぎ》薬品《やくひん》の分量《ぶんりょう》は灰《はい》百匁を製《せい》する分量《ぶんりょう》を記《しる》す故《ゆへ》に其積《そのつもり》にて多少《たしょう》に拘《かゝわ》らす製《せい》す可し

また、アララギ派の歌人、中村憲吉は実家の酒造蔵で起きた腐造酒と、それを矯正する深刻な様子を『アララギ叢書第十五編・しらがみ』（大正九年）に次のように歌っています。

牡蠣灰をもろみの桶におろさせぬ
　人ら夜ぶかき桶にのぼるも

さて日本酒の歴史上、灰の話にかかわる最大の挿話は、慶長年間に浪花の鴻池氏の酒蔵での一件でありましょう。ここの蔵人の一人が、日頃から待遇の良くない主人への腹いせに酒桶の中に灰を投げ入れたところ、その酒はかえって澄んできれいな酒となり、その上、味も良くなった。そこで主人はこれを江戸へ出荷したところ大評判となり、巨利を築き「これすなわち清酒（澄酒《すみさけ》）のはじまり」とする、清酒起源説であります。それまでの日本酒はドブロクのような濁《にご》り酒だったのに対して、偶然灰のために澄んだ清い酒ができたのでこれが清酒のはじまりだとする説であります。

　そしてこの話はまことしやかに江戸後期の『摂陽落穂集』、『嬉遊笑覧』、『北峰雑集』、『修斉近鑑』など多くに語られているのでありますが、実はそれよりもはるか以前の時代に、「澄酒《すみさけ》」「中汲《なかく》み」などと呼んで澄んだ酒がすでにあったことが、平安初期に醍醐天皇の命によって編纂された当時のあらゆる行事や慣行をおさめた古文書『延喜式』に記されているのです。

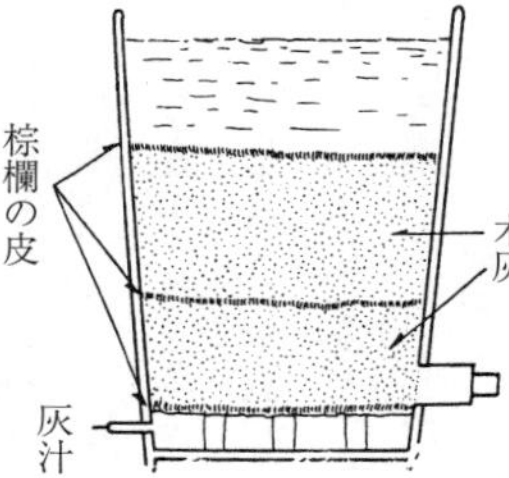

灰汁桶

　しかもこの中には「清酒」という言葉さえも登場しているのでありますから、鴻池挿話は後世、江戸時代の創作話であることに疑う余地はないのです。これが清酒起源説にすりかえられたのは、「清酒」を「セイシュ」と音読するからであって「スミサケ」と訓読すればそういう誤りは起こらなかったはずであろうと存ずる次第です。*8

　なお、直し灰という技法はつい近年まで行われていたものでありますが、その方法には「灰汁桶《あくおけ》」と申しまして図に示しましたような特殊な桶をつくって行っていました。

この桶は、縦長の桶の底や中間に棕櫚《しゅろ》の繊維層を重ね、その上に木灰を載せて、上から水を流しますと木灰の成分はその水によって抽出され下の口から出て参ります。この灰汁をそのままか、あるいは必要に応じて釜で煮つめて濃縮し、酒の酸味矯正や染料づくりなどに利用いたしました。

灰持酒《あくもちざけ》の謎

これまで述べましたように、木灰は酸敗（腐造）によって酸味の強くなった失敗酒の中和のために加えられました。しかし酒に色を付けたり、特有の味付けの目的のために木灰が加えられることもあるのです。それが「灰持酒」であります。

木灰を酒に入れることは、宋の『酒経』に「酒熟入灰」とありますゆえ、必ずしも我国独特の方法ではないらしいのですが、前出の『延喜式』によりますと、天皇即位の時の大《だい》嘗会《じょうえ》や秋の収穫の祭りといわれる新嘗会《しんじょうえ》には白貴《しろき》（白酒）と木灰を加えてつくる黒貴《くろき》（黒酒）の二種の酒を造って祝ったと記してありますことから、木灰を加えてつくる酒は大変古い歴史をもつものなのでございます。それによりますとその製法は、米一石二斗八升六合で麴をつくり、これに七斗一升四合の飯と、水五斗を加えて混ぜ、これを二つの甕《かめ》に分けて発酵させる。それぞれの甕《かめ》には二石を越す量の酒ができますが、このうちの一方の甕《かめ》には久佐木《くさき》灰（草木灰）三升を加えます。この久佐木灰を加えた酒を黒貴と称し、灰により酸が中和されたもので澄んでおり、他方の甕《かめ》の酒は白貴であって濁っている酒であります。

木灰を加えて造るこのような酒を「灰持酒《あくもちざけ》」といいますが、この種の酒はかなり近世までかなり多く造られてきて、明治時代にも地方の名物として盛んでありましたが、今日では島根県や熊本県でほんの少々醸されているにすぎません。灰持酒の代表的なものには出雲の「地伝酒《じでんしゅ》」、熊本の「赤酒《あかざけ》」、鹿児島の「地酒《じしゅ》」などがあります。「地伝酒」は島根県簸川郡地方特産の灰持酒で正月などお目出度いときや、料理でのかくし味として重宝され、この地方では普通の酒を「上伝酒」ということからこの名があると申します。この酒の原料は粳米《うるちまい》とその麴および木灰で、麴は充分に熟成させた老《ひ》ね麴を使い、汲水歩合い《くみみず》、すなわち米に対する水の量で、例えば米一〇〇キログラムに対し、水一〇〇リットルの仕込みの場合は、汲水歩合い一〇〇パーセントということになりますが、その汲水歩合いは四〇～五〇パーセントと水を大幅に少なくした濃厚仕込みであります。これを四〇日から七〇日間も発酵、熟成を行い、販売する時に木灰を加えて一日放置し、搾《しぼ》って濾過し製品とするのであります。できた酒は赤褐色を呈し、粘調でわずかにアルカリ性を示し、アルコール一〇～一五度の甘味の強い酒であります。ちょうど今の味醂《みりん》のような酒でありますから、蒲鉾の味付けにもよく使われたため、「松江の蒲鉾酒くさい」と戯歌《ざれうた》にもうたわれたほど親しまれたそうであります。しかし残念なことにこの酒は昭和の初期に一度姿を消してしまいました。

ところがどっこい、一〇年ほど前からこの酒の濃味といったものが再評価されまして、今日、わずかな量でありますが復活して参りました。

熊本に今もわずかに残る「肥後の赤酒」も有名な灰持酒で、正月とか冠婚葬祭に用いられてきました。原料は糯米《もちごめ》、粳米、麴、大麦、麦芽、木灰であり、普通の清酒の場合と同様に酒母をつくり、添《そえ》・仲《なか》・留《とめ》と三回に分けて仕込みを行います。汲水《くみみず》歩合いは六〇パーセント前後とこちらの方もかなりの濃厚仕込みであります。約二週間発酵の後に搾り、濾過を行いますが、麦芽は最後の留仕込みの時に加え、木灰は酒を搾る直前に加えます。淡黄微赤色で甘味が強く、粘調な酒で、アルコール分一〇～一八度、アルカリ性を呈する濃厚甘味酒であります。なおこの酒のように、東洋の酒文化の一大特徴である麴と、西洋のそれである麦芽との双方が、期せずして一つの容器の中で醸されるのは大変に珍しい例であろうかと存じます。

赤酒，地酒の仕込配合と成分

	赤酒中夏仕込					地酒本仕舞				
	もと	添	中	留	計	もと	添	中	留	計
					石					石
蒸米	0.35	0.90	1.40	2.87	5.52	0.30	0.5	0.9	1.8	3.50
麹米	0.14	0.48	0.75	1.51	2.88	0.12	0.2	0.5	1.0	1.82
汲水	0.42	0.75	1.05	1.98	4.20	0.30	0.5	0.8	0.6	2.20

（赤酒は上記配合のほかに副原料として大麦、麦芽も使う）

	アルコール（容量）％	還元糖（％）	糊精（％）	粗蛋白（％）	灰分（％）	エキス分（％）	pH	比重
赤酒	15.65	15.133	1.106	2.163	0.274	21.51	7.200	1.0745
地酒	16.24	12.88	1.652	2.413	0.260	20.224	6.823	1.0681

鹿児島や宮崎に今もわずかに残る「地酒《じしゅ》」は、清酒と赤酒との中間のような酒で、清酒を上酒《かみざけ》と呼ぶのに対してこの名前がついたといわれます。原料は米および麹と木灰で、汲水歩合いを八〇～九〇パーセントとして添・仲・留の三段仕込みを行い、約一カ月間発酵、熟成させた後、これに焼酎と木灰を加えて搾り、濾過した酒です。前述の地伝酒や赤酒と少し異なり、いくぶん清酒風ですが、やはり甘味の強い酒であります。

酒に木灰を加える目的は、前にも述べましたが多くの場合、余分の酸を中和して飲みやすくすることにありましたが、この灰持酒の場合には中和を通り越してむしろ過中和とし、本来酸性である酒をアルカリ性にしてしまうことに最大の特徴があります。すなわち木灰を多量に加えたこのような酒は、そこに急激な水素イオン指数pHの変化が起こり、酸性からアルカリ性へと逆転することにより、特有の赤褐色を呈し、これすなわち赤酒のいわれとなるのであります。この色の変化を今日の私たちの生活で体験致しますことといえば、例えば、紅茶を飲む時にレモンの輪切りを搾り込みますが、すると瞬時にして紅茶の濃い色が淡《うす》くなります。あの現象と同じでして、レモンの汁は強い酸性でありますので、いっきに紅茶のpHが酸性に傾き、そのpHの低下のために色が淡くなるのです。灰持酒はこの逆でありまして、酒にアルカリ性の灰を加えることにより、pHは反対に上昇しますので色が濃くなるというわけなのでございまする。

またこのほかの灰持酒における木灰の効用ですが、まず灰の持つ防腐効果が挙げられます。普通、清酒は市場に出す前、酒を容器に入れて六〇度Cほどの湯の中に五〜一〇分間保って加温します。これは清酒の中に棲息していて、市場に出てから、しばしば清酒を腐らせてしまう、困った乳酸菌であります「火落菌《ひおちきん》」を熱処理することによって死滅させる目的で行うのであります。これを火入《ひい》れと申し、この処理を行った酒を「火持酒《ひもちしゅ》」と称しています。この火入れによる殺菌法は実はまことに歴史が古く、室町時代の末、永禄から元亀、天正にかけてすでに行われていたと記録されていまするが、この時代よりさらにずっと昔に灰を加えた「灰持酒」があって、それが防腐効果もねらっている事実は、我が日本人の知恵は古くから優れたものであることを示しているのであります。

と申しますのは、十六世紀に著名な微生物学者でありますパスツールがぶどう酒の殺菌でパスツリゼーション（低温殺菌）を発明するよりはるか五、六〇〇年も前の時代に、日本ですでに灰の添加とか火入れによる殺菌法や防腐技術が行われていたわけでありますから大したものなのです。

焼酎《しょうちゅう》と木灰

清酒製造における麹カビと木灰の実に呼吸の合った見事な関係については只今申しましたが、それでは日本の蒸留酒、焼酎造りにおいても木灰は使われたのでありましょうか。と申しますのは焼酎の場合も清酒と同様、泡盛、米焼酎、麦焼酎、蕎麦焼酎、芋焼酎など多くの焼酎の製造に於いても麹カビが使われているからです。

ところが清酒の場合と違い、焼酎の製造上では木灰はほとんど登場しないのですなあ。その理由はまず清酒の麹カビが黄麹カビであるのに対し、焼酎のそれは黒麹カビや、その突然変異種である白麹カビであるからなのです。それらの焼酎用麹カビは共通して梅干しやレモンの酸味の主成分であるクエン酸を実に多量に生成しますが、清酒用麹カビはほとんどつくらないところにあります。そして焼酎用麹にはこの酸が多いため麹自体が強い酸性を呈し、梅干しが腐らないのと同じ原理で、気温の高い南の島でももろみを腐らせることなく、安全に醸造できるのです。

清酒の場合には麹カビの純粋性を保たせるために木灰でアルカリ性にしたことと正反対の理論を焼酎造りでは行っているのですから木灰は必要としないわけであります。

焼酎造りには木灰を必要としない第二の理由は、焼酎の製造には清酒のように直し灰に代表される中和・除酸が必要ないことであります。と申しますのは清酒は発酵液をそのまま飲む醸造酒でありますので、酸っぱい酒などは嫌われる製品の代表例でありますのに対しまして、焼酎では蒸留を致すものですから、もろみが麹由来の、クエン酸で酸っぱくなっていても関係ないのであります。これは、クエン酸不揮発性の化合物であり、蒸留してしまえば揮発してきた蒸留液にそれらの酸は移行しないことによるためです。ただ焼酎もろみが酢酸菌、つまり酢《す》をつくる細菌ですが、これに汚染された場合、酢酸は揮発性でありますのでアルコールと共にこれが揮発し蒸留液に混じりますと酢の臭いの強い不快な焼酎ができることとなり、商品として劣等品となってしまいます。そのためこのような焼酎には、木灰を入れて中和後蒸留することが古い文献に記述されており、ここに焼酎製造における木灰の中和という珍しい例がみられるのであります。

ところで、古式の球磨《くま》焼酎の造り方には、泡盛と清酒の双方の製造法を、木灰を仲介として調和よくとり入れた面白い手法がみられます。この古式球磨焼酎の仕込み方法はまず玄米を洗米し、浸漬して吸水させ、水を切ってこれを蒸し、木灰を米の一～二パーセントも加えて黄麹カビで麹をつくります。別につくっておいた冷ました煮米《にまい》（釜に玄米と水を同量入れてそのまま煮たもの）と麹を一緒に甕《かめ》に仕込み（割合は煮米二、麹〇・七、水二・六）、放置すると空気中の生酸菌（主として乳酸菌ですが、酢酸菌なども少々みられます）がそこに生育して乳酸をつくりますから少々酸っぱくなります。すなわち、このことはもろみのpHが大幅に酸性にかたむくことでありまして、そのため雑菌の侵入が阻止される環境がつくり出されるわけです。一方、このころから都合よく酸性のpHに対して抵抗性の強い空気中の酵母がそこに湧きついてアルコール発酵がはじまり、一五～二五日もの間発酵が続いてもろみが完了するのであります。そしてこれを蒸留する直前に再度木灰を加えて揮発酸などを中和してから蒸留します。清酒造りと焼酎造りの理論が実に巧みに取り入れられており、球磨焼酎の本場熊本県が実は清酒醸造の最南端の地（正確に言うと熊本県芦北郡津奈木町）であり、それ以南は焼酎国であることからみても、清酒文化圏と焼酎文化圏という双方の持つ酒文化の接点をまことにロマンに満ちて物語ってくれている好例とも申せましょう。

中国の酒と木灰

さて、中国や日本の酒とヨーロッパの酒の製法上での最も大きな違いは、麴を使う東洋法に対し麦芽を使う西洋法にあります。麴カビを使う酒造りは、中央アジアから西欧にかけての乾燥気候に対し、麴カビの生活に必須な湿潤気候がもたらした自然の恩恵であり東洋の特技でもあります。日本の酒における麴についてはすでに申しましたが、中国を代表する白酒《パイチュウ》や黄酒《ホアンチュウ》も穀類原料と麴（麦麯《きょく》）を使った酒であり、そのほかの多種多様な中国酒にも麴が登場し、また韓国の酒も麴（麯子《ゴッチャ》）を使ったもので、我が国の清酒と同様の麴酒なのであります。

ところで中国には『北山酒経』（宋の時代の朱翼中の著）、『酒譜』（宋代の竇萃著）、『飲膳正要』（元代の忽思慧の著）、『居家必要事類全集』（元代、著者不明）など酒に関する多くの本が編集され残されていますが、これらの書がまとめられて『中国食経叢書（上・下）』[*9]として発刊されています。大変貴重な本で、中国の飲食文化を知るには必携の書でありますが、実はそれらの文献や『中国食物史の研究』[*10]をみても木灰使用に関しての記述はほとんどみられず、したがいまして中国の酒の醸造に関しては灰の使用はさほど重要なものでないようであります。ただ、その中にあって、元末明初期の江南の画家倪雲林の著であますところの『雲林堂飲食製度集』によりますと、「鄭公酒」という珍しい酒に、灰を用いることが紹介されていました。この酒はまず麹を次のようにしてつくり、それから仕込みに移ります。

小麦粉三十斤と菉豆一斗をよく煮、木香、官桂各一両、蓮花三十朶（一斤は約六百グラム、一両は約三十七グラム、朶とは花のついた房）、さらに甜瓜果肉を加えてよくつき混ぜ、さらに辣蓼のしぼり汁を加える。そして足でよく踏み、これを二桑葉でつつみ、麻袋に入れてよく風の通るところで風乾する。これを約一カ月間、昼は陽にあて夜は露にさらしてから土瓶に貯えると麴が出来上りである。この麴約三十斤を七十個程の小塊にまるめ分けて仕込みに使用する。次は釀（仕込み）に移る。釀法はまず河水で米をよく洗い、そのまま水に十日間つけておいてまた河水で洗う。この時、米のつけ水はすてないで仕込みに使う。米一斗につきつけ水八斤（八升の誤植かもしれない）、小麦粉〇・四〜〇・五斤を配合し、一瓶に米一石分をつけこむ。はじめは米を四つに分け、麴と十分に混ぜ合わせた上、一つの瓶に集め浸漬水をかける。一晩たって酷《もろみ》の表面に裂け目ができ、手でさわると暖かみを感じるようであったらこれを木杁《かい》で混ぜる。三回木杁をしたらきちんと蓋をして一カ月あまりおく。一カ月後、この酒二石につき灰四団を醅《もろみ》に混ぜてしぼり、その酒になお灰四団を袋に入れて酒の中に吊す。その後二回滓引《おりび》きしてから煮て酒とする。灰は桑や栗などの木の灰を炭団大にまるめ、真紅になるまで三、四回焼いて粉にして用いる。

この酒造りの特徴は醅《もろみ》をすっぱくなるまで長期間放置し、空気中の乳酸菌がそこに繁殖して乳酸を生成し、pHを下げることにより他の有害細菌群からの汚染を抑えて、酵母によるアルコール発酵を行わせるところにありますが、灰の役割は、この時に過剰にできた酸を中和して酸味をやわらげる、いわゆる直し灰としての効用であります。

このように日本の地伝酒や赤酒のように灰を酒に加えることにより赤い色を出して舌に妙な味の刺激を与える灰酒が、すでに古くから中国にあったことがうかがい知れますが、このことはまた古い中国の酒書にはしばしば「有灰酒」、「無灰酒」という酒語が登場することでも明らかであります。南宋の陸游も『老学庵筆記』に「酒滴灰香似去年」の句をひいて、唐人が灰酒を好んだ実例として述べています。ところがこの句の下に「小炉低幌還遮掩」と続いていますから、実は酒に灰を混ぜたのではなく、酒が炉の灰にこぼれ落ちた時の香りをさしているのだという面白い解釈が、前出篠田統氏の著『中国食物史の研究』[*10]に述べられています。なお『酒経』三巻のうち第一巻の総説には、酒が酸っぱくなりすぎたときには、その酒が熟する時灰を入れて酸を中和するという、直し灰だけを目的とした酒質矯正法も記されています。このほか明代の書『多能鄙事』にも酸酒の直し方が四条もあり、中でもユニークな方法として「卵を用いる改酸酒法」というのがあります。酢味の強い酒の甕《かめ》ごとに生卵一個と砕いた石膏半両、それに縮砂《しゆくさ》（こまかい砂か小石のことか）と杏仁《あんにん》（あんずの種子の中の肉）をそれぞれ七個ずつ入れてやると三日で良くなるというものです。しかしこの場合、石膏や生卵（卵蛋白）、縮砂、杏仁には酸を中和する作用はありませんので、酸酒の直し方にこの方法が紹介されるのはいささか不可思議なことであります。むしろこれらの材料は卵白などの高分子のものは混濁物質を包括する作用があるので酒を濾《こ》すのには極めて有効な方法と存じます。除酸という目的よりは酸敗した酒の濁りをとるための一矯正法なのかも知れません。

醬油・味噌と木灰

醬油がいつ頃から造りだされたか、その年代に定説はございませんが、醬油の原型である「比之保《ひしお》」は約二〇〇〇年前の弥生式文化時代から大和時代にかけてつくられたといわれております。この比之保には草比之保《くさびしお》、魚（肉）比之保《ししびしお》、穀比之保《こくびしお》の三種があり、いずれも塩漬けにした発酵食品でありましたが、欽明天皇の時代（五三九年）に仏教が伝来し、それまでの肉食を敬遠する風潮は、菜食の味付けとして比之保が発達し、少しずつ今の醬油の型に近づきながら平安時代には広く一般にも普及したといわれています。「ひしお」とは「醬」の字に当たることから「ひしおゆ」すなわち「しょうゆ」となったと思われます。

比之保の製法の古い記録には「麦、麴、豆、米を寝かせて塩を混ぜてからよく攪拌して造る」とあり、その用途については「野菜、肉、魚を漬ける料《かて》なり」とも記述されておりますから、おそらくはじめは蝦醬《かしょう》や魚醬《ぎょしょう》のように魚などの塩漬汁《しょっつる》だったものでございましょう。比之保が醬油と呼ばれるようになったのは室町時代の末期で、今日の醬油の原型はほぼこの頃からつくられたのであります。

ところで醤油も清酒、味噌と並ぶ我が国特有の醸造嗜好品で、その伝統的共通点はやはり麹を使用する点にあります。醤油麹は大豆と小麦を原料とし、前者は撒湯《さんとう》・吸水してから蒸し、後者は炒熬《しゃごう》してから割砕し、両者を混合して直ちに種麹を散布して製麹室で保温し、麹が出来上りますが、ここに使用する麹菌は清酒や味噌の場合と同じくアスペルギルスという麹カビに属するものであります。

澱粉分解酵素（アミラーゼ）が強く、蛋白質分解酵素（プロティアーゼ）が弱いことが条件となる清酒麹菌に対し、醤油麹菌の場合はこれが全く反対で、旨味の主体であるアミノ酸を多く生成するプロティアーゼの活躍が絶対必要条件となります。

出来上った麹に食塩と水を加えて仕込みを行い、数カ月間発酵、熟成をいたさせるのでありますこの期間の発酵物を諸味《もろみ》といい、酒の場合は醪《もろみ》と書きます。この間に麹はすっかりと溶けてドロドロの状態になり、これを搾って醤油といたします。醤油には一七〜一八パーセントもの多量の食塩を使用いたしますから、この食塩濃度に耐えられる有害菌はほとんどなく、したがって清酒のように酸敗とか腐造とかの現象もほとんどありませんので、直し灰的な灰の使い方は多くの古い文献からもほとんど見ることはできませんでした。ところがあきらめないで捜してみることは重要なことです。実は何と、醤油に対して直し灰の方法が記述されている貴重な古文書を見つけだすことができたのです。
それは天保年間に書かれた『古代酒造口伝・摂州伊丹満願寺屋伝』という口伝の古文書で、酒の菊元《きくもと》の造り方、水元《みずもと》の造り方から甘口酒、辛口酒、名酒の造り方の次第が述べられており、さらにこの口伝書の特徴は、いたるところに灰が登場することで、糀《こうじ》のもやしのこと、酸味酒の直しのことなどに灰の重要性を述べています。そしてこの口伝書には酒のみならず、醸造物が酸味のある失敗ものになった時には、直し灰を行うべきであるとして醬油、味噌、味醂に対してその方法を記述してあるのです。大変珍しい醬油の直し灰については次のようにあります。

醬油の直し様の事次の如し。醬油塩辛く酢気有ならば、醬油一石を手引加減にわかして桶に入れ、鼠色のしじみ灰酢気によって弐、参升ふるひて煎て入れ、口をして七日から十日程おいて冷め次第におり引す。此時餅米三升から四升をやわらかにたき、あつあつを直に入れ、さらに黒米壱升程喰加減に煎て直に入れ、七日八日めにして取申候。此時三度煮て候。いよいよ直り申候。醬油に酢気なくて塩の辛きものなれは、醬油壱石に餅米二、三升程食にたきて入れ、黒米壱升程煎りて、しるきしやうせん〔白蔗煎。白砂糖と思われる〕壱匁を入れ、十日から十二、三日内には醬油成程甘く能成申候。

草木灰を使わずにしじみ灰（貝灰）を使っておりますのが面白いところでございます。また醤油製造に灰が使われるこのほかの場合としては、醤油も清酒と同様に麴カビを使って、醸造するものでありますから、清酒の場合と同様に、麴菌の繁殖力を強めるための手段として灰が用いられる例もあります。『広益国参考《こうえきこくさんこう》』（天保十五年刊）にはその辺りを次のような文章で見ることができます。[*11]

醤油は都《すべ》て用ひざる家なし。諸国にて見及び侍《はべ》るに、多く他国より来るを用ゆる所あり。他国へあたひを出すは、金銀《かね》をかりて利足を出すに同じければ、其入用《いりよう》丈も造るやうにしたきもの也。去農家にて買入れ用ふるあり。何故手造《てづくり》せざるやといへば、内にて造るより買て用ふる方徳分《とくぶん》なりといへり。予《われ》深く考へ様子みるに、矢張造りて用ふる方徳分也。多く造りて諸国へ売出す家にては、代々伝はる造り方有べし。爰《ここ》にいへるは譬へば五人口に暮せる家にては、酒樽の古きを三つ調ふべし。一樽に大豆六升、大麦のつきたるを六升づつはつくられるもの也。三樽にては豆壱斗八升麦壱斗八升也。此麦を炒鍋《いりなべ》にて炒り、半分はあらく臼にて引きわり、半分はいりたるまま豆を煮てひとつにまぶし、花を付る也。花（注―花とは麴カビのことで麴を糀とも書く）を付る事は、五月より九月十月上旬迄は、家の隅物置抔《すみものおきなど》土間《どま》に菰を敷き、其上に筵《むしろ》を敷きそれへ右豆と麦と合したるを凡《およそ》厚さ壱寸五分位にして夏は上に覆《おほひ》をする事なし。九月に至らば筵一枚、十月上旬には二枚も重ね覆ひをすべし。尤覆ひをする前に薄の葉を少し糀の上に置くべし。又杉の葉を焼きて其灰を少し糀の上にふりかけおけば必ず花よく付とてする事なり。何国《いづく》にても家毎に造るは六月土用中に仕込むなり。ただねせて上に覆ひすることなく置ば三日目には上面《うはつら》には白き花付也。其時手にてくだく事なく上を下へかへし、其まま置、夫より二日たてばよく花つく也。其時両手にてもみほごし日に干すべし。是を樽に仕込むには、豆壱斗八升ならば一升のわりに壱斗八升塩を入れ水は三升のわりに五斗四升入べし。是を三升五合のわりに入る人あれども、味ひ劣る也。極上の醤油にせんと思はば、二升七、八合のわりに水を入るべし。仕込みたる砌《みぎり》には日々交棒《まぜぼう》にて上下になるやう交《まず》べし。大体凡廿日も立て四斗樽（豆六升麦六升仕込むたる也）壱挺分に糀二升に米壱升五合たき甘酒につくりて入べし。

とにかく昔の人たちは、傷んで食べられなくなったようなものまでも、木灰を使うなどしてこれを矯正し、決して捨てるようなことをしなかったのはすばらしい事でありますなあ。

味噌と灰

紀元前二〇〇〇年程の古代中国の記録には、味噌の原型とされる豉《くさ》が中国の西域で醸されていたとしるされていますが、この豉はその後、朝鮮が高麗《こうらい》、新羅《しらぎ》、百済《くだら》の三韓に分かれていたころ高麗を経て日本に伝承されたという漠然とした記録があるくらいで、日本人がいつごろから味噌を副食としていたかについての定説はございません。ただ、現在の寺味噌又は寺納豆といわれるものが豉であるころから味噌は仏教と深い関係をもって育ってきたことは確かであります。

はじめは「密祖」や「高麗醤《こまびしお》」とも、また「未醤《みしょう》」とも呼ばれていましたが、平安時代以降には今の味噌となったらしい。味噌は大豆を蒸し、これを米麴や麦麴、それに食塩を加えて数カ月から数年間も発酵、熟成させたもので、この間麴の酵素は大豆の蛋白質から旨味のアミノ酸を、米の澱粉からは甘味のぶどう糖を生じさせてあのような複雑なうま味が出てくるのであります。

ところで味噌は、その長い製造の歴史の中において灰の助けを借りるという場面はほとんどございません。なぜならば得られた味噌は直接口に入るものでありまするから、木灰のような水に不溶な物質が入っていたのでは食する時に口に違和感があり不都合であります。ですから多くの場合はやはり前述の清酒や醤油と同様に麹菌の増殖の手助けとしてほんの少々使われたにすぎませんでした。ただ醤油の項でも述べました『摂州伊丹満願寺屋伝』には、味噌の直し方が灰を用いる方法として記述されておりまして、大変に珍しいのでご紹介しておきましょう。

味噌直し様の事、以下の如し。味噌あらく苦有粕気有ていかなあしきときには、大坂の鼠色のしじみ灰ふるい直して弐合より弐合半、青大豆の粉五合、餅米煎て粉にして四合しほ（塩?）煎てさまして三合、ごまの油壱合を右の味噌に入れ、まんべんなくまぜ合せ、つき直し、十四、五日に直りし。右いか程御座候共、右の割合にて入れ、つき直し中候なり。

しじみ灰を加えてから、充分につき直しているあたり、まことに細かい注意を払っているものであります。

海藻と灰

藻塩灰

海に囲まれた島国に生きてきた我々日本人にとって、その食文化の歴史上、海藻を切り離して話すわけには参りません。それは海藻が間近な海岸に存在し、自然がいつも豊富にその恵み与えてくれてきた栄養価値の高い食べものであること、そして古代には何よりも人間が生きるために不可欠な食塩の重要な供給源であったからであります。今も俸給をSalary といいますが、この語がラテン語の「塩」にあたる Sal に由来し、塩を買うための給与金 Salarium の語が Salary の語源となったことからわかりますように、古くから塩は貨幣の価値と同等であったほどなのであります。

さて、古代人は海藻を重要な食料の一つとしていたことは発掘される遺跡から知られていますが、その後穀類を主食とするようになった弥生時代のころから、塩の需要が急速に高まり、これが塩を意識的に造る必要性をもたらすこととなったのです。この当時の製塩法の特徴は海藻がその原料と手段に使われたことで、それは採鹹《さいかん》法の一つといわれる藻塩焼きであり、製塩法としては原始的な方法であります。この方法は海から採ったホンダワラやアジモなどの藻塩草を浜に積み、これに幾度も幾度も海水を注いでは乾燥させ、これを焼いて塩灰をつくり、それを釜で煮つめて塩を得るものでありました。この方法での製塩は主に海浜の海人《あま》の仕事とされまして、万葉の歌にも、

須磨の海人の塩焼衣の藤衣
　間遠にしあればいまだ着なれず
　（須磨は今の兵庫県にある）
塩干の三津の海女のくぐつ持ち
　玉藻刈るらむいざゆきて見む
　（三津は大阪府にある）
志賀の白水郎《あま》の塩焼く煙風をいたみ
　立ちは上らず山に棚びく
　（志賀は福岡県）
打ち麻《そ》を麻績王《おみのおおきみ》は海女なれや

伊良虞が島の玉藻刈ります
（伊良虞は静岡県）

など、海女が藻を刈り塩を焼く風景は当時全国いたるところの海浜でみられた風景だったようです。また藻から塩を得る別法には、大釜を炉にのせ、その上にわくを組み、藻塩草の類を山積して海水をこの上から滴下しますと、その間に自然蒸発もあり、何回もかけては乾燥を繰り返す間に塩分が濃くなる。これを海水とともに煮つめる方法もあったということですが、この方法は藻灰から塩を得る藻塩焼きとは異なっています。

いずれにしてもこれらの製塩法に使用した塩釜は、口径が広く底が浅いお盆のようなものが使われていたらしく、古墳時代には土釜であったものが、奈良時代に入ってからは鉄釜に代ったといわれます。現在、神事として塩釜神社で使っている平釜は深さ五センチメートル、口径一〜三メートルのものだそうです。[*12] 塩は我々人間にとって神聖なほどに大切なものでありましたから、藻塩焼きの神事は今でも全国的にみられ、不浄を清めるものとしても塩が使われるのです。

海藻を焼いて塩をつくる奈良・平安時代の藻塩焼きはその後、鎌倉・室町時代に入って海水を汲みあげる揚浜式塩田、江戸時代に入って汐の干満の差を利用して海水を導く入浜式塩田へと進んだために消えてしまいました。西欧では十七世紀頃から海藻を焼いた灰を農業用、工業用、医薬用として大変幅広く活用する産業が興り、例えばドーバー海峡にのぞむフランス西海岸では、海藻を焼いた灰を肥料とする企業と、この灰を医薬用や化学工業に廻そうとする企業の間に海藻灰を奪い合う衝突が起こるほどで、フランス政府はこの事態に対し海藻採取に関する法律を作って取締ったほどでありました。[*12] とにかく海藻灰は肥料として絶大な需要があり、アメリカやニュージーランドのような広大な農業国では十九世紀末まで、使用された肥料の四割までが海藻灰肥料であったといわれます。

海藻を焼けばその灰の中にはカリウム、ナトリウム、カルシュウムなどが炭酸塩やリン酸塩として豊富に存在し、その上ヨード（沃度）も多く含まれているとあって農業用以外の産業、特に工業用や医薬原料としても大変重宝されたわけです。工業用としての海藻灰を「ケルプ」といいますが、十七世紀後半からフランスではこのケルプ産業が至るところで活況となり、一六九二年、ルイ十四世は王室海藻製造会社に海藻採取の特権を与えているほどでありました。当時この海藻灰は石鹼やガラス製造の原料としてのほか、写真材料や医薬原料として高価に取引きされ、ヨードの抽出にも使われていましたが、十九世紀の後半に入り、チリ硝石からソーダ、カルシュウム、リンをとる方法が発達し、ケルプ産業はいっきに衰退してしまいました。

我が国でも昔から海藻灰は腫れものを治し、黒髪を保ち、口内炎に効き、高血圧によいといわれ薬用として広く使われてきましたが、その薬効がヨードによるものであることがわかると、ヨードチンキ（ヨード一〇％を含むエチルアルコール溶液）などの原料としてヨードを海藻灰から取り出すことが始められました。そして現代医学ではヨードが甲状腺肥大を引き起こすホルモンの異常代謝に対して著効な成分であるとされてからは、ますます薬用としてみなおされることになりました。

日本における海藻灰からのヨードの製造は明治二十年頃から始められ、第一次大戦を契機に急激に発展しました。特に四方を海に面した我国ではその資源は極めて豊富であったためか、筆者の調査によりますと昭和元年には海藻灰から得たヨードの輸出高は四万八七三〇斤（一斤は六〇〇グラムでありますから約三〇トン）で、当時の金額で五〇万九九一六円（今の約七億円に相当します）にのぼり、またヨードカリウムでは二万九二七三斤で二三万八八一二円もの外貨を稼いでいました。

では一体、海藻灰の中にどれだけのヨードが含まれているのでしょうか。これにつきましては原料藻の種類や産地などによって異なりますので一様ではありませんが、一般に北方寒冷地の海藻にその含有量が多く、また日本の藻は輸入藻より、深海藻は浅海藻より、幼藻は老藻よりそれぞれ含有量が多いとされています。海藻灰からヨードを得た最盛期の昭和六年に刊行された『綜合農産製造学』[*13]には、当時の海藻灰からヨードを得る方法を次のように紹介していますので、例によって紹介しておきましょう。

それによりますと大正から昭和にかけて、どのような方法で海藻からヨードを分離したのかについては、大別して三つの方法が行われておりました。

まず「海藻乾留法」という方法があり、これは乾燥した海藻を直接封管中で乾留し、流出するヨードを採取するものです。この方法は原料の海藻を燃焼灰化せしめる方法と同じくヨードの飛散を防ぎ得る上に、種々の副産物を得る利益がありますが、複雑な装置と多量の燃料を要する欠点からあまり行われない方法でもありました。また「海藻発酵法」という興味ある方法は、海藻を空気中や海水中の微生物によって発酵させ、生じた粘調液中のヨードを塩素によって分離し、さらに沃化鉛に変じ、次いで鉛を硫化鉛として除き、ヨードはヨードカリウムとして、これより通常の方法でヨードを採取するものでありましたが、発酵から最終採取までかなりの時間を要するなどからこれもあまり行われてはいませんでした。

最も広く行われた方法は「海藻燃焼灰化法」というもので、この方法は海藻を乾燥し、燃焼して海藻灰となし、これを水で浸出し、蒸発濃縮して水に比較的難溶な塩類をまず結晶除去してから、酸と酸化剤を加えてヨードを析出昇華させる方法であります。この方法は日本はもとより、広く欧州諸国で行われたものでありましたが、海藻灰からヨードを得た長い歴史の代表的な方法でありますので、大正から昭和にかけての我が国における製造の大要をここに作業順を追って書き残しておきましょう。

〈海藻の採取〉

海中に成育する海藻を伐採して原料にしますが、時には暴風の後に海岸に漂着するものも用いました。なお海藻の伐採には鎌切り法、竿切り法、捻切り法などの方法があったそうですが、その具体的方法は不明であります。

〈海藻灰化〉

採取した海藻は乾燥し、次いで燃焼灰化させます。燃焼の方法は、坑穴中又は特に内壁を粘土で塗った坑中で行うこともあり、また特別の装置によって空気の供給を調節しうる炉を用いることもありましたが、一般には海岸の砂上に海藻を薄く敷き、天日で一、二日間乾燥し、これを並べて用意しておいた薪《たきぎ》の上に覆って燃焼させます。燃焼の際には、あまり強い火で焼くとヨードが蒸発、飛散することがあり、その上、海藻中のカリウムやナトリウム塩との間に熔融が起こって、堅硬な塊状に熔合しますため、ヨードの浸出に際して破砕の労や水量の空費を来たすことから、注意して七〇〇度Cくらいの低温度で軽粗の質に灰化させるのがよいのです。

なお海藻灰化の作業中、雨が降るとヨードの流失を来たしますので、天候も充分に考慮に入れて作業したようであります。

〈海藻灰からヨードの浸出〉

当時の資料によると、海藻灰からのヨードの浸出方法は、まず海藻灰四〇〇貫を浸出槽に入れて、これに六～八石の冷水で一〇～二四時間浸出し、これを三、四回反復浸出してボーメ（比重の一種）二四～二六度の溶液を得ます。この浸出法はいわゆる循環浸出法で、通常四個の木槽を管によって連結し、最も濃い溶液が最も新しい海藻灰を浸出するという形となって、各槽の海藻灰を四～五回の浸出を受けさせて、浸出液をなるべく濃厚にすると同時にカリ及びヨードを完全に浸出させます。

海藻灰が軽粗なものである場合は、短時間で完全に濃厚浸出液を得ますが、堅硬な塊状灰の場合には浸出に時間を費し、かつ不完全でありますから大塊はあらかじめ鎚をもって拳大に破砕します。浸出液中の成分は食塩、硫酸ソーダ、塩化カリ、沃化ソーダ、炭酸ソーダ、硫酸石灰、硫化ソーダなどが混存しています。浸出残渣は炭酸石灰や骨灰に類似のものでありますから代用肥料に用いました。

〈浸出液の濃縮〉

得られたボーメ二四～二六度の浸出灰汁は蒸発濃縮して液中のヨード濃度を増すととも

表　当時の海藻灰の規格

1. コンブ，アラメ，カジメ及びクロメを原料とするもの

検査事項	合格				不合格
	1　等	2　等	3　等	4　等	
品　質	良好のもの	普通のもの	2等品に及ばないもの	3等品に及ばないもの	不良のもの
色　沢	黒褐色のもの	同　左	淡黒褐色のもの	同　左	同　上
形　態	塊状のもの	塊状と砂状の混合のもの	同　左	砂状のもの	同　上
加里含有量	25%以上のもの	20%以上のもの	15%以上のもの	10%以上のもの	10%未満のもの
沃度含有量	0.8%以上のもの	0.6%以上のもの	0.5%以上のもの	0.3%以上のもの	0.3%未満のもの
夾雑物	砂分量5%以下で夾雑物の混入しないもの	砂分量10%以下で夾雑物の混入しないもの	砂分量15%以下で夾雑物の混入しないもの	砂分量20%以下で夾雑物の混入しないもの	同左に反するもの

2. その他の海藻を原料とするもの

検査事項	合　格	不合格
品質・色沢・形態	良好のもの	不良のもの
加里含有量	10%以上のもの	10%未満のもの
夾雑物	砂分量20%以下で夾雑物の混入しないもの	同左に反するもの

表　本邦産褐藻類の成分

平均値%	水溶性灰分	ヨード	カリ	マンニット
猫脚昆布	23.20	0.416	7.20	26.60
カジメ	17.24	0.297	4.08	14.14
アラメ	14.58	0.227	3.81	14.74
ホンダワラ	14.78	0.114	4.00	4.08
オオバモク・ヨレモク・ジヨロモク	19.34	0.108	4.00	12.13
マメダワラ	15.90	0.218	4.13	9.50
笹藻	13.09	0.067	3.92	13.65

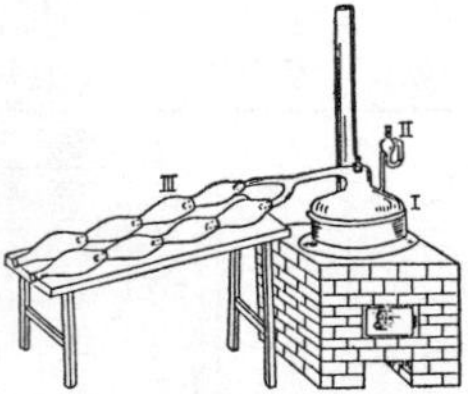
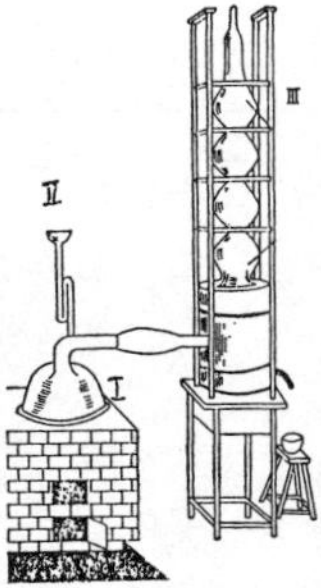

粗製ヨード蒸溜装置
Ⅰ　蒸　溜　釜
Ⅱ　硫酸注入口
Ⅲ　凝集装置

に、液中にある他の各種塩類中、ソーダ塩、硫酸塩、カリ塩などを除去します。すなわち灰汁を蒸発濃縮する時は、含有する各種塩類中最も難溶な硫酸カリ、次いで食塩、硫酸ソーダ及び炭酸ソーダが析出しますからこれを除去しつつ蒸発濃縮し、この濃縮物を冷却槽に移して放置しますと今度は塩化カリの結晶が析出します。その母液は再び前同様の操作を繰り返して塩類を除去し、これを三回ほど行うと次のヨード蒸留に用いる濃厚母液を得ることができます。

この濃厚母液中には沃素、臭素、塩素化合物のほか、炭酸カリ、硫化カリ、硫酸塩、亜硫酸塩、次亜硫酸塩を含有しています。前述の濃縮の際析出する硫酸カリを、肥料用及びさらに精製して工業品とするためには、可及的に食塩その他の塩類を析出して、混ずるのを防ぐ必要があります。この塩類の分別方法の一例を示せば、液が濃縮して食塩が飽和状態に達した頃、扁平鉄鍋に流下すると食塩は一～二分内で析出して鍋に充満しますから、これを掬い出して食塩を他に移します。

これを繰り返すこと再三、ほとんど食塩のみを採取できますが、次に加熱を停止すると比較的難溶性の硫酸カリが多少の食塩等と混合して析出します。この硫酸カリの結晶を掬い揚げ、母液を滴下し、少量の水で洗浄して混存する食塩を溶解除去し、乾燥後粉末とすれば肥料用の粗製硫酸カリを得ることができます。さらにこれを数回水で洗滌してから再結晶法で精製すると工業用品となります。

〈ヨードの蒸溜〉

前述の濃厚母液に硫酸を相当量より過量に加え、一昼夜放置しますと、硫酸は母液中のヨード化合物と反応して沃化水素酸を遊離します（$KI + H_2SO_4 \longrightarrow KHSO_4 + HI$）。またこの反応以外、炭酸塩から炭酸ガス、硫化アルカリ、亜硫酸塩、次亜硫酸塩からは硫化水素を発生し、同時に硫黄を析出します。硫黄を除去した液は、蒸溜釜中に入れ、適量の褐石（二酸化マンガン）と共に加熱しますと、ヨードは蒸溜されて受器中に凝集するわけです（$2HI + MnO_2 + H_2SO_4 \longrightarrow 2I + MnSO_4 + 2H_2O$）。

このようにして得られたヨードは、当時高い価格で取引きされ、写真材料などの化学用やヨードチンキなどの医薬用に広く使用されたのでありました。

灰乾しわかめ

わかめに木灰をまぶした鳴門名産灰乾しわかめは長期の保存に耐えて、その上、新鮮さをいつまでも保持してくれる灰乾法の妙味であります。この灰乾法が発明されたのは、今から一五〇年前で、わかめの行商人で鳴門海峡の里浦に住む前川文太郎という人が、行商中のわかめの変敗変質に困って、その対策を数年間ひそかに研究した結果、新鮮なわかめに灰をふりかけて乾燥する方法が長期の保存に耐えて、その上新鮮さをいつまでも保たせることを発見し、ここに灰乾法を創案しました。*12 その灰乾しわかめは使用時、水ですばやく洗って灰を落とすと実に新鮮な美しい緑色を呈しますが、これは灰のアルカリ性は保存効果だけでなく、緑色のクロロフィルをいつまでも鮮やかに保つ発色の効果もあって、すばらしい保存方法といえるのです。このような特徴を持った鳴門の灰乾しわかめは大変な好評となり、四国全域はもちろん、京、大坂、江戸にも知られるようになり、四国の代表的名物の一つとなって今日に至っています。

現在の灰乾しわかめは、灰乾ししたわかめを水洗し、葉を細かくさいて乾しあげてから青緑色を出させたもので、その手間と原料費とでやや値の高いわかめとなっています。なおこの灰乾法は、わかめだけでなく「海松」又は「水松」とも書く海藻もこの方法で保存されることが多く、清水で洗って灰を落とし三杯酢で楽しみます。また海素麺《うみそうめん》といわれる海藻もしばしば灰乾法によって保存され、使用時清水で洗って刺身のつまなどに添えられます。

料理と灰汁《あく》

アクの正体

明治中期から大正にかけて活躍したジャーナリスト兼小説家、村井弦斎は、その著『食道楽』[*14]で一躍世に知られた人物であります。弦斎はこの『食道楽』の付録として末尾に載せられている「料理心得のうた」の中に、

早蕨《さわらび》は火鉢の灰でアクを出し、鰺《あじ》の煮汁で煮るが味好《よ》き

とうたっています。蕨は他の山菜同様、大変にアクの強いものであるから、アク出しをする必要がありその心得を歌ったものです。さて料理ではこのように「アクを出す」、「アクを取る」、「アクを抜く」、「アクを去る」、「アクをすくう」、「アクをはらう」、「アクをすてる」など多くの表現が用いられていることでもわかりますように、アクの除去は調理の重要な一手法なのであります。ところでこのアクの定義とは一体何でありましょうか。実は今のところ完全な説明は与えられていないために、その多くは漠然とした表現のものが多

くなっています。数多い料理の本から一応の定義のようなものをまとめてみますと「味覚に対して不快な作用を与える成分又は物質」というようなものとなるのかも知れません。

アクには植物由来のものと動物質のものとがあり、それぞれにその内容成分は異なりますが、一般的にいわれている構成成分は植物由来の場合、無機塩、有機塩、配糖体、サポニン、タンニン、有機酸、ポリフェノール化合物、テルペンなど、また動物質では脂質、蛋白質、ペプチド、複合蛋白質（脂肪やリンなどと結合した蛋白質）など多種の成分群にわたっています。実際、肉や魚、野菜を単独または混ぜ合わせて煮る時、鍋の表面に浮び上ってくるアクをすくいとり分析致しますと、大体このような成分が検出されますし、またその煮汁や煮物にもそれらの成分が存在しているのです。

ところでアクは味覚に不快な味を与えるものですが、官能的（実際に口に含んで味をみることです）にはこれを「えぐ味」、「苦味」、「渋味」と分けて区別しています。「えぐ味」は、金属的な重みの、くどくにぶい不快味を舌に与えるもので、その主成分はホモゲンチジン酸およびそのカルシュウム塩とされ、これに蓚酸塩類（カルシュウム、カリウム、ナトリウムなどとの塩）が共存していたり、ホモゲンチジン酸が糖などと結合していた場合にはいっそう強く「えぐ味」を感じるといわれています。

この「えぐ味」の最も代表的な例は筍《たけのこ》、蕨《わらび》、薇《ぜんまい》、独活《うど》、牛蒡《ごぼう》などの山菜を水に漬けたり、ゆでたりしたとき強く出るものであります。「苦味」は配糖体（糖がアルコールやフェノールなどと縮合して生じる化合物をいいます）又はアルカロイド（植物体から得られる、特殊な薬理作用を有する塩基性窒素化合物をいいます）や、カルシュウム塩、マグネシュウム塩のような金属塩類、さらにサポニン、タンニン、ヘスペリジンなどのようなポリフェノール類などに起因します。

特に配糖体の苦味ではリモノイドおよびフラバノン配糖体が有名で、グレープフルーツや夏みかんにその苦味の例をみます。最近アミノ酸の集合物であるペプチドから、苦味を持つペプチドが分離されましたが、これはチーズの苦味の研究に端を発した成果であります。「渋味」は主としてタンニン類で、例えばポリフェノール成分から成る柿の渋味や、カテキンを中心とする茶の渋味などがその代表例です。また魚の干物などに感じる渋味は不飽和脂肪酸の酸化分解物とされています。

アク抜き

村井弦斎の「料理心得のうた」をもう一句。

竹の子の皮をば先に剝き取るな、糠諸共《ぬかもろとも》にゆでるこそ好《よ》き

筍《たけのこ》を風味よくゆでるには、たっぷりの米とぎ汁の中で皮つきのままゆでるか、又は水

に米糠を入れたものでゆでた後に皮を剝ぐとアクがきれいに抜けるという教えであります。皮ごと筍をゆでる理由は、皮の中の筍は温度が一定に高まり、早く繊維がやわらかくなるために水溶性のアクの成分が容易に解けて溶出すること、また糠を入れる理由は、糠に含まれている高分子の蛋白質やコロイド状の物質がアクと結合して、さらに高分子の不溶性物質となり抜き出すことができるなどの理由によるとされています。

さてアク抜きの方法にはいろいろありますが、最も一般的なものは灰汁（草木灰を水で溶いた上澄液又はその濾過液）を用いる方法であります。灰汁はアルカリ性でありますから、アクをもつ材料をこの液に漬けたり、これで煮たりしますと、繊維がやわらかく膨潤し、水溶性のアク成分は容易に外に溶け出すもので、この点はすでに述べました和紙の場合の灰の効用と同じであります。したがってあまり長く作用させると、組織が崩れすぎてむしろ味をそこないますから注意を要します。また灰汁でアク抜きすると、緑色の植物はいっそう鮮やかな緑色に冴《さ》えさせることができます。これは緑色の成分であるクロロフィル（葉緑素）が灰汁の持つアルカリ性の作用のために、より鮮やかな緑の色素であるクロロフィリンに変化するために起こるもので、ここに灰汁を用いたアク抜きのもう一つの効用がみられるのであります。最もアクの強い植物といわれるのは山菜の中の蕨《わらび》であります。蕨はおひたしや天婦羅、煮ものなどいろいろな方法で食されていますが、アクを抜かぬものはえぐい味のほかに硬く、その上苦味が強いためにどうしてもアク抜きが必要となります。上手なアク抜き法を述べておきましょう。

まず木や木の葉の灰をつくり、これを水に溶いて上澄液（灰汁）をつくります。この灰汁を一〇～二〇倍の熱湯でうすめ、これを鍋に半量ほど入れた後、蕨が灰汁にちょうど浸るほど入れて数時間から一夜放置するとほぼアクを抜くことができます。これでも蕨は硬めのものであったなら、重石をのせるか、そのまま灰汁中で軽くゆでます。ちょうど食べごろのやわらかさになったら、灰汁から引き上げて水洗いしますが、ここでは丁寧に手早く洗うのが大切で、洗った後何時間も水に浸けておくと、たちまち味と色が低下します。ですから水洗い後はすぐに料理に使うことがうまく食する秘訣であります。

鰊《にしん》や鱈《たら》の干物を煮る時、灰汁や米のとぎ汁に漬けたり、これで煮たりしますが、これは干魚をつくる時、乾燥に時間をかける上に市場に出てからも長期間空気中にさらされていますので、この間に魚の脂肪が酸化されて遊離脂肪酸が増加し、干物特有の渋味が出ていますから、これを灰汁で処理することによりそのアルカリ性、主として炭酸カリウムと炭酸ナトリウムがこの脂肪酸を中和するために渋味を抜くことができるのであります。

なお米のとぎ汁の使用は糠の効用と同じで、その中に含まれている高分子コロイド物質が干魚のアクを包括して不溶性高分子化合物に変え、とり除くことができるためです。

西洋料理でもアク抜きは料理の重要なポイントの一つであります。とりわけブイヤベース、クラムチャウダー、シチュー、ガンボーなどの煮物や鍋物では、しつこいほどにアクをすくいとるのが料理をうまくするコツの一つです。中でも澄むことを一つの誇りとするコンソメスープ、例えば「コンソメ・ドゥーブル」、「コンソメ・リッシュ」、「コンソメ・ロワイアル」、「コンソメ・アンジュレ」などでは、牛の脛《すね》や脹脛《ふくらはぎ》部の肉をきざみ、これにパセリ、玉葱、セロリ、人参、月桂樹の葉のほか多くの野菜と香辛料を数時間煮込んでブイヨンをつくりますが、その最中に相当のアクが出て浮遊いたします。このアクには大きなものから微粒なものまで、さまざまの形で混入しておりますから、いちいちすくいとるのは容易なことではありません。

そこでこういう場合のアク抜きには、最後に卵白を加えて加熱することが秘訣の一つとされております。卵白は非常に分子量の大きい蛋白質でありますので、液中にあっては微細な固型物のまわりを包み囲む型で存在していますから、これを加熱することにより蛋白質は急激に変性して凝固します（例えば加熱によりゆで卵や卵焼きのように固まるのと同じです）。この時、微細なアクまでも包み込んで固まりますから、全てのアクや微細な浮遊物は凝固卵白とともに鍋の上に浮上してくるのです。これをていねいにすくいとり、または濾《こ》してとりのぞくと、あの美しく琥珀色に澄みきったスープが誕生するのであります。

ここでさらにスープに琥珀の輝きをつけたい場合には、今度は卵黄を加える場合もあるらしいのですが、これは大変に難しい技術なので相当の熟練コックでないと使えない手だといいます。[*15]

中国の料理でもアク抜きは大変重要でございまして、アクのことを「浮沫《フウモウ》」、アク抜きのことを「去清《チュイチン》」と申します。「将浮渣除去《チャンフウチャーチュウチュイ》」といえばアクをとりのぞくこと、「用巾《ユンチン》格一次《プーツウイツー》」といえば固まったアクを布漉《ぬのごし》すること、「去清酸味《チュイチンスワンウェイ》」とは筍のようなもののアク抜き、「醒味《シンウェイ》」は内臓や鱶《ふか》ヒレのようなものの臭みとアクを抜くこと、「去清渋味《チュイチンスオウェイ》」とは渋味のアクを抜くことの意であります。なお仏語では灰汁を lessive、アクを âcreté、アク抜きのことを enlever à qch son âcreté、英語では灰汁を lye、アクを harshness、アク抜きを remove the harshness と申します。

Ⅲ　灰の恵み

灰と粘土でつくられたコップ
(時代不詳)

和紙・織物と木灰

和紙と木灰

楮《こうぞ》、三椏《みつまた》、雁皮《がんぴ》などを原料とし、必要によって麻、桑の葉皮などを混合し、日本古来の手すき法でつくりあげる、あの独特の地合いを持ち、強じんで変質しがたいのが和紙であります。この和紙を介して日本の歴史が伝わり、そしていつの時代でも政治、経済、社会、宗教など多くの分野で和紙が果たしてきた役割は極めて大きいのであります。

『日本書紀』によりますと、和紙は推古天皇の御代（六一〇年）に、高麗《こうらい》の工芸伝僧曇徴《どんちょう》によって伝えられたとされます。この製紙法は高麗（朝鮮）が中国から受けついだものだそうですが、その後奈良時代に入り、それまで官営で行われていた製紙業が、美作《みまさか》、美濃、出雲、播磨などで民間の業が起こってからは急速に発展しました。このころから朝廷、幕府、諸官省、写経、貢物、商業などで、紙の需要が著しく多くなり、それらの和紙生産地のほかに讃岐《さぬき》、備中、越前、丹後、因幡、加賀、阿波、京、土佐、備後《びんご》、豊後《ぶんご》、筑前、筑後、伊予、安芸《あき》、長門なども和紙の代表的産地として発展し、各産地間は良質で特色のある和紙づくりを競い合ったのでした。

さて和紙の原料は古来から楮、三椏、雁皮が主であり、時には桑の繊維なども使われて参りました。まずここでは楮を原料とした和紙の製法を簡単にみてみましょう。

楮は水湿地に生じるスゲの一種でカヤツリグサ科に属する多年草です。幹の肌の色で赤楮、白楮、黒楮などと俗称され、春に植えられた苗木は、その秋までに一メートル五〇から二メートルにもなりますが、和紙に適する繊維は二、三年木で、落葉後の秋に刈りとり、四〇〜六〇センチの長さに切りそろえてから、大きな釜の上の蒸し桶に入れて二時間ほど蒸し上げます。蒸し終えたものは、熱いうちに水をかけて渋皮がはがれやすいようにし、直ちに根もとの方から皮をはぎ、皮をさおにかけて干すのであります。これが「黒皮」で、一夜水に浸した後、小刀でしごいて外皮をはく皮し、再び小刀を用いて粘りや甘皮をとりのぞき、川の水で充分に洗った後、三、四日天日で完全に乾かすと「白皮」の出来上りです。次に白皮を用いて紙すきに移ります。これは水が六、七分入っている釜に、半日ほど水に浸しておいた白皮を一本一本ていねいにほぐして入れ、充分に煮たったら木灰又は草灰の汁を加えてさらに一時間あまりかきまぜながら煮続けます。白皮が柔らかくなった状態で火を止め、数時間そのままで止め釜をした後、釜から取り出し、川の晒場《さらしば》へ行って

叩解（『紙漉宝記』より）

充分に清水にさらすのです。次に「塵《ちり》より」といって、ゴミや筋などを針などでていねいに取り去る作業をした後、手まり程の大きさの球状に丸く搾りあげ、これを長方形の樫の木の台又は石のたたき台にのせ、「叩解」といって堅い棒でたたいてつぶしていくのです。これを「楮打ち」といいますが、やがて繊維が砕けて、水を含んだ綿のような状態になりますから、これを三に対し水七の割合で混合し、「ねり」を少量加えて乳濁液とします。「ねり」とは繊維が水中で均一となるようにからまり合わせるための一種のつなぎ剤で、トロロアオイやイリウツギという草の根や皮を煮だしたものです。

この紙液を竹や茅《かや》などでつくった簀子《すのこ》のはめこんである桁《けた》ですくいあげ、前後左右に振りあげてこれを数回繰り返すと、水は簀子から下に流れ繊維は一様の厚さとなって残ります。このようにすきあげて一枚になった湿紙を圧搾し、一枚ずつ紙床からはがして乾燥させると、何ともいえぬ風格を持った和紙の出来上りであります。古来から今日まで、このような手作りの和紙の製法はほとんど変っていません。

ところで、このように和紙の原料となる植物繊維を木灰とともに煮ることはすでに『延喜式』に記載されている古い手法で、和紙の製造に木灰は不可欠の役割を演じている重要なものなのでございます。おそらく和紙が伝えられた六一〇年にはすでに木灰又は灰汁が使われていたと考えられております。さてここで木灰を使う理由をみてみましょう。和紙の原料となる植物繊維、すなわち白皮には、紙をつくるのに不適当な不溶性成分、とりわけリグニン、タンニンなどのポリフェノールなど多くの不純物を含んでいます。これを灰のアルカリ性溶液中で煮沸すると、それらの不純物は可溶性に変化し、繊維から容易に離脱させることができるため、繊維のみを比較的純粋に取出すことが可能となるのです。しかも木灰のアルカリ性は、その作用がゆるやかなので、繊維の損傷も起こらず、強い和紙をつくるのにははなはだ都合が良いというわけなのです。

楮の白皮から和紙を製造する際の木灰の使用量とその方法についての実例は、町田誠之博士によるとおおよそ次のようであります[*16]。

草木灰十八キログラムを五十四リットル入りの桶に入れ、これに沸騰水を注入し、桶の下の栓をとり、滴下する濾過水を集めて静置し、その上澄液を煮沸釜に移すと、十八キログラムの灰から約四十〜五十リットルの灰汁を得る。次にこの灰汁百四十四リットルを入れた釜を直火で加熱し、沸騰させて、これにあらかじめ水に浸漬しておいた楮の白皮十九キログラムを投入し、棒でかき混ぜながら煮熟する。約四十分で煮熟が終了するから、白皮を籠に取り出し、まだ熱いうちに清水や川水で充分あく抜きをする。

ところで和紙の製造に用いる木灰の原料は、稲藁、麦藁、蕎麦藁、茅、笹などでありますが、木灰は原料によってその成分に違いがありますから、得られた和紙の性質も当然木灰に左右されることになります。明治時代に刊行された『農産製造案内』という古い本には、美濃紙の製法には蕎麦桿《そばわら》の灰を使うのが最も良いとして次のように当時の和紙づくり法を詳細に記録しているのでここに紹介しておきましょう。

日本紙を製するには様々あるも、美濃紙の製法について述ぶれば、楮の白皮を二日間清流に浸し、之を釜に入れて灰汁を以て煮るものとす。この灰汁は蕎麦桿の灰二斗に水四升を混じて作り、楮の皮二貫四百目毎に灰汁一斗を用いて之を煮沸し、水減少すれば適宜に灰汁を補い約十時間ほど煮沸せしめ、楮皮の靡爛《びらん》するに及び、之を取出して桶に入れ、水を注ぎて灰汁を去るべし。かくて又之を笊《ざる》に移し、清流に二昼夜ほど浸して取上げ、石台か敲《たた》き板にのせ、棒にて打ち、其の綿絮《めんじょ》様となるとき、これを漉桶《こしおけ》に移すべし。漉桶は長さ三尺六寸、幅二尺五寸、深さ一尺許《ばか》りの箱にて水一石を入るべく、之に楮皮二貫を投じ、次に黄蜀葵《とろろ》五、六十匁《もんめ》と米糊少々許りを加え、攪拌すること三十分ほどにして、全部一様になれば漉框《こしわく》にて掬い上げ、框を嵌《は》め、動揺せしめ、縦横に振り、普通横振り六回、縦淘《たてすすぎ》三、四回とす。斯くして楮の繊維、框内の簀上《さくじょう》に普《あまね》く拡がれば、漉框を水上に出し、余《よ》水を槽中に排し、再び楮漿《ちよしよう》を抄いて振ふこと前の如くし、此く反覆三回にして紙を作り得るものとす。

植物繊維と木灰

人類が曇初に身を包みまとったものは植物の葉、茎、皮や動物の毛皮などごく簡単なものでありました。その後人類に古代文明が生じてからは、「織物」という画期的発明によって、それまでの原始的なものから一変して実用的で強靭、美麗なものへと著しい速度で変っていきました。世界で最も古い織物は、紀元前四〇〇〇年代のミイラを包んでいた麻製品に代表されますが、これが最も古い織物になったのは、麻の繊維は長く、強い上に撚《よ》り易いという有利性にあったのです。

日本でも登呂遺跡などから麻布が出土されていますが、その質は土器に押印された布目から判断し、実に緻密な技術により撚《よ》られていたことがうかがえるといいます。その後大陸から正式な製織術が伝わってからは、阿波、上総、安房などでかなり高度な技術で麻布がつくられるようになり、例えば伊勢大神宮の神宝図などにその技術の高さを知ることができます。その後、中世からは麻専門の業が信濃、越後、宇治、越布《こしぬの》、御室、奈良、高宮《たかみや》、安芸、備前、薩摩などで興り、特産地として有名になりました。

麻は狭義にはクワ科の大麻をさしますが、広義には長い繊維材料となる大麻、亜麻、苧《からむし》などの総称であります。昭和二十三（一九四八）年、麻薬取締法によって大麻栽培が許可制となりましてからは、麻の製造においてはそのほとんどが輸入原料となり、それに伴って麻布の製造も機械化されたために、今では古くからの麻布製法を垣間見ることはできません。その上、灰を使った古来からの製麻法についても、詳しい説明や文献が乏しく、昔の手造りの手法を知るには不便でもありますが、前出の『農産製造案内』に、越後の製麻法について、比較的詳しく原料麻の木灰処理が記述されていますのでここで紹介します。

越後の麻の製する方法は、麻を採取したる時、先ず根を切り、之を束ね、其の本《もと》を拡げて立てて乾燥す。之を立て乾《かわか》しといい、又地上に横たへて乾かすもの之を伏乾しという。麻を乾燥する際、雨露に当るときは黒点を生じ、その品質粗悪となる故、朝出して夕に屋内に取入れ、凡そ七日間を過ぐれば屋外に置くも変色せざるに至るものなり。麻を乾燥し終りたるときは、赤色を帯び白味を呈するに至る以々、此の際適宜の長さに切り、揃えて後湯槽に入るに便すべし。この湯槽は木製にして底面にブリキ板を張り麻を入るるもこの板に触れざらしむため横架を設くべし。此の槽には水一石を入れ、木灰三斗を加えて能く之を混じ沸騰せしめたる後、切り揃えたる麻茎を入れ煮ること三十分にして之を出し、水に浸すこと凡そ二十分間にして直く皮を剝ぐべし。此の皮を剝ぎ終れば、之を乾燥せしめて収むるものなり。尚ほ、一度灰汁に煮たる後、元を乾かして美麗にする。

このように木灰を使って繊維をとるものには麻のほかに科《しな》、楮《こうぞ》、藤などあげられます。例えば六月の科の皮を剝いで、荒皮の内側にある白皮を集めて、木灰とともに四〇分ほど煮ます。通常は水一石に木灰四升の割合で煮るのです。これを地面に広げて、よく揉んでから川水で灰抜きをし、次いでこれを薄く剝ぎ、干して保存します。そして糸にする時、水に再び濡らして剝き、織物の原料としたのでありますが、肌着などには若い皮を使ったということです。

また、和紙の原料として前述した楮も、繊維原料として重宝されました。これは楮の皮を剝いで灰汁で煮、繊維をとり織物の糸としたもので、これを「栲《たく》」といっていました。『古事記』や『万葉集』には「栲衾《たくぶすま》」、「栲縄《たくなわ》」、「栲綱《たくづな》」などの名で呼ばれたものが登場し

楮《こうぞ》（平凡社『世界大百科事典』より）

ているところを見ますと、相当広い範囲で栲が使用されていたようで、後になってこれは米袋などにも使われるほどになったのでしょう。

　また山藤、ぶどう藤、葛《かづら》など蔓《つる》植物を原料とした繊維原料もみられ、これらの植物は春に山で皮を剥いで、灰汁で煮て川で清め、これを粉糠《こぬか》と湯で練ってからひねりつけて糸にしたといいます。

　さて麻、科、楮、藤、葛などの繊維製造に用いられる木灰の原料は稲藁、蕎麦藁、茅などであります。そして灰を使う目的は、前に述べた和紙の場合とほぼ同様で、原料の木皮に含まれる繊維以外の不溶性不純物を、灰とともに煮沸してこれを水溶性として溶出し、除去するもので、こうすることにより比較的純粋に繊維をとりだすことができるのであります。

動物性繊維と木灰

　このように植物性繊維を純粋にとるために、木灰を用いることは昔からの知恵でありましたが、実は動物性繊維の場合にもこの例がいくつかみられます。

人間が動物性繊維を利用した最初は、おそらく獣皮をそのまま使用した原始的なものでありましたろう。その後文明の発展とともに、毛皮から毛織物へと歴史は長い時間をかけて流れましたが、日本には動物を飼うという習慣は、昔からあまりありませんでしたので、この毛織物の技術は古くからみられませんでした。そのため室町時代には、すでにこれが輸入されており、武家を中心とした一部にラクダ、羊、山羊のようなものの毛でつくった毛織物が愛好されていたようであります。このように日本における毛皮の自給は、江戸末期や明治初期に民衆が鉄砲を持つことができるようになってからのことで比較的新しいのですが、日本には、熊、羚《かもしか》、鹿、猪、野兎、狸、狼、狐、鼬《いたち》、川獺《かわうそ》、鼯鼠《むささび》など格好の毛皮獣が多く棲息しておりましたから、以後毛皮の普及は著しかったのでございます。防寒用としても皮を沓《くつ》や腰皮に利用し、都市では革半天《かわばんてん》や革足袋などが出まわって、その需要は供給をはるかにしのいだのでした。

毛皮の製造に木灰が使用される場面は、明治時代における文献におおよそ次のように記述されております。

上等毛皮を製造するには、表面に傷をつけざるようにして剝皮し、皂莢《さいかち》（マメ科の落葉高木。サポニンを多く含み、タン切りや利尿に効果があり、洗剤にもしばしば用いられた）の煮汁に藁灰汁を混合したる液にて数回洗ひたる後、清水にて洗い清め、戸板に張り付け十三時間ほど表裏とも日光に曝して、乾燥したる後、明礬《みょうばん》、樟脳の粉末を篩《ふるい》にかけ、浮石にて其の表面を摩擦し、不純物を除き仕上げるものとす。

すなわち毛皮製造の要点は、脱毛を抑え、毛を大切にしながら毛や皮にある不純物を木灰によりとりだすことにあります。したがって木灰のように比較的柔らかに毛皮に作用するアルカリ剤が理想で、反対に毛皮から毛をとってなめす製革の場合には、石灰や硫化ナトリウムのような強アルカリ剤による脱毛の促進をはかることに注意がそそがれるのであります。

動物性繊維を獣から昆虫へと目をむけかえてみますと、昔から蚕がもたらしてきた絹繊維は人間の文明の発展に大きな役割を果たしてきました。養蚕における繭《まゆ》の利用は中国が最古で、ここで盛んにつくられた絹はやがてアジア大陸を東西に貫通するシルクロードを生みましたが、ヨーロッパからは絹の見返り文化がアジアへと流れ込み、この歴史的な文化の交流は、絹なくして起こるすべはなかったのです。

日本では大化二（六四六）年、税制による労力奉仕の代りに絹を納めることが許されたともいわれていますから、奈良時代以前にもかなりの量の絹が生産されていたようであります。さて、この繭からはまた真綿《まわた》がとれます。真綿は今日では屑繭《くずまゆ》からつくられていますが、古い記録によると、絹の初めは絹綿といって繭のまわりのけばを集めてつくるのが真綿であったといいます。その肌ざわりや保温性、強靭さなどから綿入れの着物に入れたり、ふとんの綿入れの時の引綿などに使って、外部との衝撃や摩擦などに対する緩衝作用として役立ってきました。

　ところでこの真綿の製造にも木灰が使われています。まず屑繭を鍋に入れ、灰汁で煮て柔らかくなった時点で三角又は四角の板に繭を一つ一つ薄く引きのばし、乾燥して真綿を得ます。この場合の木灰の効用も、これまでの和紙や植物性繊維の製造の場合と同様、繊維に付着する不溶性の不純物を灰汁で煮出して除去することにあります。ただし、繭の場合には、少々強いアルカリにあうと絹の構造を損傷させると同時に、絹を構成している基本成分の一つ、フィブロインが溶出してきて綿を赤褐色に呈色させてしまいますから、木灰のようなおだやかなアルカリを作用させる必要があったのです。

染料・染色と木灰

染料調整と木灰

人間は光を感じ、色を識別できる能力を持ちますが、これは網膜にある桿状、錐状細胞層でそれらを感知し、この感覚細胞からの刺激を視神経が脳に伝えるために色への感覚が起こるのだそうです。なんだかわかったようでちっともわからない、難しい生理作用のようです。その色を人が意識的に利用したのは極めて古く、古代エジプト洞穴内壁画や、その時代の多くの埋葬出土品などにその色彩例をみることができます。

日本では古墳の壁面に一色又は数色で文や動物、船、人間などの絵や彫刻を描き出した色彩装飾古墳が最も古く、古墳時代前期(四～五世紀)といわれております。実際はもっと古いのでしょうが、それらの手法は、高句麗《こうくり》方面の大陸文化の影響によりますが、その後、赤、青、白、黄、黒など色彩の種類も増え、絵自体も幻想的なものとなり、しだいに我が国独特のものへと消化されていきました。そして古墳時代の末期に造成された奈良高松塚古墳の石室内壁画の色彩はその鮮やかさであまりにも有名であります。
ところで人間が色を衣の染付として使ったのは、紀元前約三〇〇〇年（古代王朝時代）のエジプト第二王朝のミイラを巻いた衣が黄褐色に染色されていたのが最古とされていま す。歴史の古い中国でも紀元前の鳳凰山漢墓（前一六七年）、馬王堆の漢墓（前約一〇〇年）などから副葬品の中に多色彩のある布が出土しています。日本の推古天皇の時代（六〇三年）には冠位十二階の制が定められ、階級の順位を色により区別して紫、紅、青などの色を染めた絁《あしぎぬ》で冠をつくったことが知られており、色が象徴的な役割をになう要因ともなりました。

これらに使用された色はその多くが植物色素を原料としており、はじめは自然に生育しているものを採集していましたが、その後需要がしだいに多くなるにつれて、染色用の植物が諸国で栽培されるようになりました。茜《あかね》、紅花、黄蓮《おうれん》、黄檗《きはだ》、藍《あい》、橡《つるばみ》、紫草、蘇枋《すおう》、韓紅《からくれない》、黄櫨《おうろ》、支子《くちなし》、楊梅皮《きがわ》、鬱金《うこん》などがその代表的染色植物であります。

さて染料はいずれもこれらの染色植物の葉、根、茎、皮、実などを煎じてその汁を用いるのでありますが、その際、木灰は昔から染色の助剤として極めて重要な役割を果たしてきました。と申しますのは、木灰中の化学成分であります種々のアルカリ金属類やアルミナ、ケイ酸などの無機物は、その灰汁の濃さや灰の種類を変化させることなどの工夫により自在に色を調節しえる能力を有しているためであります。例えば紫草で紫色を染めるのに灰汁の増減は、紫の持つ赤みや青みを加減することができますし、椿科の植物で紫色の小さな五弁の花を咲かせ、実は秋に黒紫色に熟する柃《ひさかき》という植物は、灰を用いて灰汁紫としますと、紫系統の色を多彩にあやつることができ、その椿灰汁は美しい八丈縞を染めあげることができます。

その上、染色における木灰の効用は、このような発色としての助剤ばかりでなく、染め付けられる布地へも大変都合よく働きかけているのであります。と申しますのは、麻や木綿など染色される繊維に対して木灰は漂白作用の役割も果たしていることであります。

その興味を惹く現象の一例としては、絹布を紅花で紅染めするとき、布を稲藁の灰汁と酢に交互に浸す室町時代から行われてきた方法は、これを行わないものと比較すると、はるかに鮮明な色調を得ることができるのであります。*17

染料には大別して天然染料と合成染料とがあります。前者は申すまでもなく染色植物からの染料であり、これまでに四、五〇種の色を数えますが、後者は近世にイギリスで発明されて以来、今日まで実に二〇〇〇種もの染料が人間の手によって合成されています。ここで述べる染料は木灰を必要とした前者です。さて木灰はすべての染料の製造に使用されているわけではなく、石灰や曹達の代りに使用する場合の方がむしろ多いのです。したがって木灰は目的に応じて巧みに使うわけですが、木灰使用の方法は昔から今日までほとんど変りがないといわれています。

明治時代の『農産製造教科書』には、灰を使った紅花染料製造法が次のように述べられておりますが、貴重な方法なのでここに紹介します。

紅花は過半紅色となり、花弁の尖端傾垂するを成熟の徴とす。而して全圃五分の三の前記の適徴を呈するに及び、朝露の未だ乾かざる時に採摘す。紅花中には紅黄の二色系を有し、前者は重要なるも、後者は却って有害の物なり。而して黄色系は水に可溶性なるを以て、水を以て之を洗出し去り、紅色素はアルカリに溶解し、酸にて沈澱するが故に之を溶解、沈澱して精製す。本邦にては収穫せる紅花を水中に浸すこと半日にして之を圧搾して、黄汁を去り、蓆《むしろ》上に堆積すること五寸、而して注水せる後発酵室に入れ毎朝戸外に出して清水を注ぎ黄汁を去り、十六日間発酵せしめたる後之を適当の形状に造り乾燥す。是れ紅花餅なり。紅花餅を二、三日間水中に浸したる後、細砕し、袋に入れて浸漬すること五、六日なれば、充分黄色素を除去し得べし。然時は藁灰（又は椿灰）及び石灰の混和物に熱水を注ぎ、之を濾過し之の濾液に先の紅花餅を入れたる袋を浸し、手を以って揉む時は紅色素を溶出す。而して一度溶出せる残滓は数回灰汁を交換して尽く紅色素を溶出せしむるを要す。此に於て清酢を加えてアルカリを除去する時は、紅色素は沈澱し、予て入れ置きたる麻布に付着す。是属布なり、属布を灰汁中に投じて紅色素を溶解し、清酢或は梅酢を加え、一、二時間して尽く紅色素を沈澱せしめ、上清液を去り、羽二重衣にて濾過して紅色素を得る。之臙脂なり。

また鍋島更紗の染織における染料を、江戸末期の技法の秘伝書にみますと、染料はいずれも草根木皮を煎出してその汁を使っており、その大要は次のようであります。[*17]

黄色は楊梅皮《きがわ》百六十匁と水二升の割合に依って煎じ、鍋で半分弱の量となるまで煎じ詰め、更に濾過して蓄える。青は藍のもみ出しであり、本赤は蘇木八十匁、黄柏十二匁、生姜七匁、明礬二匁、水一升を銅鍋に入れ木炭又は薪木の火にて半分弱まで煎じて蓄える。黄柏とは、黄檗の俗名である。上赤は蘇木八十匁に灰汁一升で、煎じ方は前と同じである。ここでの灰汁の製法は、柴二百匁を焼きつくし、その灰を取り、水三、四升を盛れる器中に投入し、凡そ一夜余り放ち置いて充分灰の沈澱した時、その上澄みを濾過してから用いる。

さらに久留米絣、純正藍染の技法にも、染色原料の藍のほかに曹達、水飴、貝灰が用いられていますし、沖縄県八重山群島、石垣島における藍染めでも木灰を不可欠として、藍三〇斤と木灰または樫木灰を雨水で沸騰させ、濾したものに、泡盛四合を入れて染料を調合しています。

さてこれらの染料の調整に木灰を使用する目的は、植物色素を木灰が有効に抽出しうること、木灰またはその灰汁中のアルミナ（酸化アルミニュウム Al_2O_3）やケイ酸などが、色素成分と化学結合することにより色彩を鮮明にし、これを固定して安定化がはかれること、灰や灰汁の種類や使用量などを変えることにより、系列色を数色多彩にあやつれることなどであります。いずれにせよ昔の植物染料に代って合成染料が使用される今日でも、助剤として灰汁を使用する場合も数多くみられます。

なお灰で紅花などから色素を煎じ、濾過の時回収された着色灰は、秘伝の釉《うわぐすり》として信楽焼などに用いられておりますが、このやきものと木灰については後述させていただきます。

以上のように、日本の染料の調合は、原料植物から木灰を利用して色を抽出し、さらにその木灰成分によって色調をも加減することを特徴としていますが、この色調の具合いを、微生物による発酵という手段で調整する興味ある方法もみられます。[*17] 藍染《あいぞ》めの原料である

藍（平凡社『世界大百科事典』より）

藍草の主産地、阿波徳島の藍住《あいずみ》村では、刈りとった葉をまず干してから藍寝床で発酵させて、蒅《すくも》にします。この時の発酵の加減では出来上る藍の良否に差ができますことから、発酵には大変な苦労をするということです。

一方、福岡県の久留米絣の藍染めの秘法でも藍、曹達、水飴、貝灰を湯に一晩漬け、翌日藍甕《あいかめ》に移して毎日一、二回攪拌しながら三〇度Cで一五日ほど発酵させます。液の表面は発酵のために泡立っていますが、この時の管理が不充分でありますと、発酵が緩慢となって調和がくずれますから、こういう場合には他の甕で発酵している元気の良いものを少し加えたり、麩《ふすま》やぶどう糖、水飴などを入れて元気づけてやるということです。また紅花《べにばな》による紅色の調製にも発酵法はその妙法としてしばしば行われるものであります。

さてここでみられる発酵とは、元気づけにぶどう糖、水飴などを補給することから考えますと、空気中に棲息する酵母の侵入によるアルコール発酵と考えてよいかと存じます。おそらく甕の中で酵母が発酵するときの種々の生産物や酵素群が、色彩の加減に微妙な効果をもたらすものと思われます。

このように発酵が染料調整に効果がありますもう一つの理由は、酒そのものが染料を調整する役割の一つになっていることでありますす。例えば久留米絣では発酵中の藍甕に清酒を加えること、藍住村では藍の発酵液である蒅で藍玉をつくり、これに極上清酒三升を吹きかけること、石垣島では藍と樫の木灰にアルコール分四〇度の泡盛を混合して、微妙な色を調整するなどの例が多いことからもそれはよくわかるのでございます。

このように酒を染料調整の一部に使う例は日本ばかりでなく、インド更紗では棕櫚《しゅろ》酒（ヤシ酒の一種）を加えますし、東南アジアの国々でもココナツ酒を加える例などが多く残っております。ところで発酵助材といえば、インドの更紗布地の漂白には水牛の糞尿を使う独特の方法や、西アジア地方でも同様にラクダの糞を水に混ぜ、これに布地を浸して処理する方法などもあり、それぞれのお国柄があらわれて面白いものです。

染織と木灰

織物を染色する時、木灰はまず染料の調整段階で使用されることを述べました。ここで調整された染料を用いて布を染めることを「染織」と申しますが、これには、糸や布を直接その染料液に浸して絞る方法や、前出の染料発酵液の入った甕の中にそれらを浸して絞ることを繰り返しながら色付けする方法などがございます。ところがこの時、染色される絹や木綿などをあらかじめ灰汁に浸した後で染色いたしますと、浸さぬものに比べますと、比較にならないほど鮮明な色彩が得られるといわれます。これはおそらく、木灰が繊維の周辺の色素や窒素化合物、樹脂、フェノール類、ヘミセルロースなどといった着色阻害物質を、やわらかく溶出除去するための一種の漂白作用であり、これによりまして純粋な白い布をつくることは、その後の染色効果をいっそう鮮やかに演出することにつながるからでありましょう。

なお、中国最古の農書『斉民要術』[*18]には次のように紅花染料の調整に灰を使うことをすすめており、太古の昔から灰は染料技術上、なくてはならぬものであったことがうかがわれます。

あらかじめ落藜《あかざ》、藜藋《しろあかざ》及び蒿を焼いて作っておいた灰に（無かったら草灰でもよい）湯を淋《とお》して清汁を取り（最初の灰汁は純厚できつすぎるので、紅花を殺《こな》すのには適せず、ただ洗濯に使えるだけである）三度目に湯を淋した清汁を取って、それで紅花を揉むと、よく和合して好い色が出る。

「灰」という名の色

天然染料の製造や染織における木灰の効用についてこれまで述べて参りましたが、いずれにせよ色彩は人間生活にゆとりと楽しみを与えてくれるすばらしい視野感覚であります。そこで染料の話ついでに、色彩としての灰、すなわち、灰色に関する話を少し述べておきましょう。

著名なフランスの文学者は「光の中の光である黄金は、他の色彩と融けあわず、果して色彩であるのかどうかもわからない。黄金が真に映りあうのは闇の色である黒と灰の仄暗さである。黄金を他の色彩、緑や緋色と併置するためにはさらに高度の技術を要するが、それを黒や灰とともに使うためには非凡な力倆が必要だ」[*19]と書いています。要するに灰色は容易な色であって、しかしまことに重圧のある複雑な色なのであります。そのためでしょうか、灰色に関しての表現や色としての位置の広さは大変に大きく、国の違いを問わず多彩であります。

日本の場合、色の中で最も発達してきたのは中間色であるとされていますが、この中間色はほとんど混合色によるもので、中でも昔から鼠色《ねずみいろ》と呼ばれる灰色の中間色に関する表現には「四十八茶百鼠」、すなわち茶色をベースとした混合色は四八種類あり、鼠色ではなんと一〇〇種もある、というわけです。例えば墨の淡色は墨鼠《すねず》、これに藍《あい》を落して藍鼠《ねず》、そして赤鼠、銀鼠、深川鼠、利久鼠《りきゅうねず》等々です。

そこで『日本色彩事典』[*20]から、灰色（鼠色）系色彩を表現する語句を拾いあげてみましたところ、藍鼠《あいねず》（わずかに青みの灰色）から利久鼠《りきゅうねず》（わずかに緑みの灰色）に至るまで何と日本語で約一二〇語もでてきたのでありました。「四十八茶百鼠」どころか、その「百鼠」を大幅に超えるほどなのですから灰色の色彩上の重要さがうかがわれる次第です。

やきものと灰

考古学上、やきものが作られたのは大変に古く、人類が定住生活をはじめたころからといわれ、その最古の土器類は紀元前五〇〇〇年以上のメソポタミア遺跡からの出土品とされております。日本の縄文式土器（縄文文化初期は約五〇〇〇年前）も最新の年代分析手法、例えば放射性同位炭素測定法を用いた年代推定では、世界でも大変古い部類に属するものだということです。

我が国の縄文式土器はその後数千年続き、それまで狩猟生活が中心であった生活形態がしだいに農耕生活へと変化していくにつれ、これに合わせて収穫物を貯えたりするための土器も多くつくられるようになりました。これが弥生式土器です。しかしこの弥生式土器とて、その当時のやきものの技術としては、未熟なものであったことは今日の出土器からもうかがい知れるところであります。ところが四、五世紀ごろから大陸系の新しいやきものの技術が新羅《しらぎ》、百済《くだら》、高句麗《こうくり》などの渡来人によって輸入されはじめますと、やきものの技術は一変して新しい時代をむかえるのでありました。特に中国を原点として、朝鮮半島を経由して入って来た当時のやきものを一括して「須恵器《すえき》」と呼びますが、この灰黒色または褐色の土器、例えば大阪府堺市の遺跡の窯跡から発掘されたり、陶荒田《すえのあらた》神社、日部《くさか》神社などに今でもみられますものは、それまでみられなかった穴窯を築き、ろくろを用い、やきものに適した粘土を選んで焼くという新しい技術の導入のために、それまでにない硬い質の土器が得られたのであります。

田賀井秀夫博士[*21]によりますと、それ以前の土器は空気をよく通じた酸化炎で八〇〇度C前後で焼いたものであったそうですが、その新しい方法は窯の使用により空気の流通の悪い還元炎となるために、一〇〇〇度C以上の高温で焼くことができました。この方法で焼きますと、燃料の灰が窯の中で器物にふりかかり、表面が溶けてガラス質の被膜が形成され、この膜ができますと、水を通さず、その上耐久性のある器を手にすることが可能になったのです。

このように初期のやきものにおける灰の効用は、土器の表面に被膜をつくることにありましたが、実はこれが釉《うわぐすり》のはじまりなのであります。この場合、自然に出来た釉なので、これを「自然釉」と呼びますが、この釉の発明はその後、意識的に灰を用いてやきものをつくることに発展し、たちまち釉を持つ土器、すなわち「陶器」が現われたのであります。

その後七〜九世紀には、陶器の技術的進歩と多様化がさらに広範な地域で競われ、ますます発展していったのですが、こうなると単に丈夫で長持ちするやきものにとどまらず、より美しいものをつくり上げようとする芸術的意欲もしだいに旺盛となって参りました。中でも色のある釉、例えば奈良朝の三彩釉などの進歩は著しいものがあって、この釉にも灰の役割は不可欠でありましたので、灰を原料とした釉がますます意識的に使われるようになり、灰釉陶器が以後の陶器の代表的なものになっていったのであります。

そして鎌倉時代には、尾張、三河、美濃、丹波、越前、信楽、備前などに名窯が現われるに至って、やきものはいっそう盛んになって参りました。特に尾張の瀬戸では良質の粘土と特殊な窯の発明により、これに灰を主とした灰釉もかけて、美しく変化をもたせるやきものが次々と生産されたのであります。そして、藁灰系で硅酸分を多く含む不透明な萩釉の白、海鼠《なまこ》と呼ばれる硅酸を含んだ小斑な逸品、灰の役割を巧みに生かして焼いた有田柿右衛門の柿色の釉薬《うわぐすり》、紅花の染料と灰をうまく利用した信楽焼の釉薬、そして楢や柞《ざく》(小楢《こなら》、櫟《くぬぎ》などの総称)の木灰を使うあの落ちついた薩摩焼、樫灰や松灰を用いる高田焼など、木灰の効用が見事に生かされて現代へと継がれてきているのであります。

このようにやきものの素地(内・外部の表面)を包むガラス質の薄い膜を釉《うわぐすり》(glaze)と申します。釉は土器から水分の濡出することを防ぎ、内外部からの圧迫や衝撃に対して強靭で、その上、何といっても美しい色彩を装飾させることのできる重要なものであります。その素材の別によって長石釉（ケイ素質）、石灰釉（カルシュウム質）、苦土釉（マグネシュウム質）、重土釉（バリウム質）、灰釉などに分類され、また外観からの分類では透明釉、不透明釉、結晶釉、油滴釉、亀裂釉、窯変釉などにわかれ、さらに色釉から分類いたしますと、織部釉、黄瀬戸釉、青磁釉などにわかれます。

前述いたしましたとおり灰釉は、釉の中では最も古い歴史を持つもので、この起源は中国が最古とされ、河南省安陽の小屯の遺跡、これは殷代後期の都の跡ですが、そこから発掘された陶片にその原形がみられます。ここから出土される陶片には、窯の中で自然に灰がふりかかってできたものや、意識的に灰釉をかなり厚くかけたものなど、変化に富んで発掘されているのであります。

灰釉の原理はまず、窯の上部がある程度閉ざされていると、燃料から出た灰は窯内部の空気中を浮遊しながら器にふりかかります。すると灰は、すでに申し上げましたとおり、カリウムを多く含むアルカリ性でありますので、器物の原料土の中のケイ酸物と化合してケイ酸カリウムとなります。このケイ酸カリウムはガラスの主成分でもあるため、一種のガラスがそこに形成されたと考えてよろしいわけです。このガラスが器の表面を被って被膜となるわけですね。

この場合、窯の設定や炎の状態加減で還元炎にすることが絶対条件となります。この還元炎といいますのは、窯内に充分酸素を供給しないで、むしろ逆に不足気味にした時の炎であります。これに対し酸素量を多く供給したものを酸化炎と申しますが、還元炎でありますと高温がえられ、灰を窯中に浮遊させることができるのであります。この二種の炎は、やきものの色にも微妙に関係し、酸化炎の時には酸化反応が起こります故、例えば原料土の中に鉄が多いと酸化されて酸化鉄となり赤色に仕上り、銅は酸化銅になりますから緑色に焼かれるといった具合であります。

一方、還元炎は酸素供給不足のため一酸化炭素がそこに生じますが、この化合物は物を還元する性質を持ちますから、鉄は還元されて黒となり、銅は赤になるのです。

このように窯の通気性や炎の調整により、やきものの色を変化させることができますが、この時、灰もまた色や光沢に微妙な影響を及ぼすものですから、灰の種類や使い方によっては、窯変現象などの物理作用も生じ、時として陶器に妖しげな幽玄性をもたらしたりすることもできるのです。したがってやきものの芸術性としての価値を高めようとの目的から、陶芸家達は灰釉を現在でも重要な手法としているゆえんなのであります。そしてその達人らは、この灰釉を主として長石粉（やきものの磁器となる部分で、岩石の主要構成鉱物。化学成分としてはカリウム、ナトリウム、アルミニュウム、カルシュウム、ケイ素など）と木灰をいろいろな配合で混ぜ合わせ、これにさらに特殊な物質を加えたりして独特の秘法をあみだし灰釉調合のノウハウを持っているのでございます。

さて灰釉に使う木灰の原料は大変多く、樫、欅《けやき》、楢《なら》、櫟《くぬぎ》、柞《ざく》、竹、松、栗、藁、籾《もみ》など使われますが、それらの原料木の種類や木の老若、産地、採取時期などの違いは、得られる灰釉に特徴と個性を生じさせ、ひいてはそれが陶器の価値にまでつながりますから、陶芸家は灰の選択に大変神経を使うわけです。植物学的にも、木の枝や皮には石灰分が、幹にはケイ酸が、根にはリン酸が多く含まれるといった具合いでありますから、そのもとをただせば生育した土壌成分にも影響されるということになり、やはり土というものがここでも大切になるのであります。でありますから、例えば鉄分の多い土で育った木の木灰での釉（鉄釉）に、マグネシュウムの多い土灰を混合することによって、その色調や光沢、結晶釉などに変化を持たせることができますし、藁灰や籾灰《もみばい》などは、普通の木灰の二倍以上のケイ酸を含みますから、そこに鉄釉灰を混ぜ合わせますと釉調を乳濁させるのに絶妙の効果を発揮させることができるのであります。

その灰釉の調合ですが、まず原料の灰、長石（石粉《いしこ》）、ケイ石（ケイ砂）、陶石、石灰石などで釉元《もと》をつくります。釉元は木灰以外の原料に水を加えて泥状とし、これとは別に木灰をよく灰化したものを臼で搗《うすひ》いて微粉とし、何度も水に浸して上澄液を捨て、さらに篩《ふるい》を通して不純物を除き、乾かしてキメの細かいものにしたものに水を加えて泥状にしたものを調製し、両者を合わせて調合するのです。
釉元一升に対し、灰三合を加えれば三合釉、四合ならば四合釉と呼ばれ、普通の場合、強弱五種ほど用意しておくと申します。なお左の表は昔の多治見磁器釉の例、土灰と藁灰による透明釉と乳濁釉の調合例であります。*21

こうして美しい国日本には多くの陶器名産地があり、そこには名窯が点在いたします。それらの名窯では独特の姿《かたち》、光沢、色釉の陶器が焼き上げられて、高度の芸術性を誇りあっているのであります。そしてそのかげには、これまで述べた灰の役割を無視することはできないのであります。瀬戸、美濃にみられる、鉄分を多く含む岩石と木灰、同じく木灰に鬼板《おにいた》を多量混ぜて釉とした天目釉《てんもくゆう》、木灰にわずかの鬼板を含ませた黄瀬戸などは、いずれも木灰を主成分とした灰釉であります。また天目釉は多くの酸化鉄を含んだ鉄釉で、マグネシュウムを多く含む灰とでまことによく黒を出し(黒釉)、瀬戸黒などの名陶も生まれるのであります。

多治見磁器釉配合例

原　　料	強　釉	中　釉	並　釉
広見石粉	6	6	6
珪　　石	2	2	2
鳥屋根石	2	2	2
柞　　灰	3	4	5

土灰，わら灰を用いた釉の配合例

原　　料	土灰透明釉	わら灰乳濁釉
釜戸長石	70	50
土　　灰	30	20
わ ら 灰	−	30

(『入門やきものの化学』より)

そしてこの黒とは対照的な白の代表、志野特有の白やきは、瀬戸黒が木灰を主成分とした灰釉であるのに対し、天然の岩石を主に、灰を従として焼き上げるものであります。もともと志野の釉は、木灰を主原料としたものであったそうですが、これでは目的の白が出にくく、時として黄ばんだ色となることが多かったので、これに岩石粉を多量に混ぜて、釉を白くし、その上高温で焼いたところあの美しい白やきが得られたということです。長石八五、柞灰（鉄が少ないので釉が白くあがる）一〇、ケイ酸五の割合で二一〇〇度Cにより、志野釉ができます。[*21]

そして白といえば萩焼。古萩などでは色の調和に鉄分を含む長石を用いたようですが、今では純な白を出すために、長石のかわりに陶石三〇〜四〇、藁灰二〇〜四〇、土灰三〇〜四〇の配合で白いなだれ釉を出すということです。さらに白い系統の釉に卯《う》の斑釉というものがあり、別名を透明釉又はつや消し釉ともよばれるものなのですが、これは籾殻灰や藁灰などケイ酸分の多い灰釉として乳白化させたものであります。長石二〇、土灰三〇、籾殻灰五〇の割合が基本例とされ、古い記録では、各原料を水で泥状にして、長石六升、石灰石八升、籾殻灰一升、又は長石一斗、石灰石八升、籾殻灰五升という配合例もあったということです。[*21]

信楽焼は長石一〇に対し、木灰五〜一〇という単純な配合の釉でありますが、これに青、茶などの顔料を加え色釉とする場合もあります。信楽焼の特徴の一つである淡緑色のビロード釉は、アルカリ作用に基づくものとされ、別名アルカリ釉とも呼ばれるものでありますが、これは木灰をかなり多く使うための故であろうと存じます。益子焼は透明釉、マンガン釉、飴色釉、銅の緑、鉄の黒、藁灰の白など変化に富んだ釉を多く持ちますが、中でも透明釉には寺山土一〇、至勢堂土五、土灰一二を配合例にみます。その他特徴的陶器釉としては麦藁釉、渥釉、相馬灰釉、釣窯手がけ釉、青織部釉、海鼠《なまこ》釉、辰砂釉、伊羅保釉、油滴灰釉などでも灰は重要な役割を果たしているのであります。

一方、灰を意識的に避けた焼き方もございます。器地および釉に鉄分を含み、これが窯内で還元されて表面が青系統の色素を現わす青磁はその代表例です。青磁はもともと中国で発明され殷周時代の灰釉陶にその祖型があると考えられておりますから、土器の表面に木灰を塗って釉を生じさせたものでありました。それが窯内で自然に灰がふりかかって生じた自然釉を見逃さず、それを一歩進めたものに当たります。その後、漢時代に入り、灰釉に長石を加えて安定させた釉薬をつくり出してからは、急激な進歩と発展がみられ、中国から朝鮮半島に渡り、安南《ベトナム》やタイなどアジアの各地に広まっていきましたが、日本でその青磁が焼かれたのは比較的新しく、江戸の初期に有田でつくられたものが最初だといわれております。

灰白色の器地に青緑色にかけられた青磁釉の美しさは、釉の中に含まれた少量の酸化鉄が、還元炎中で還元されてできる色です。この原理と手法をさらに工夫して青磁をより一段と発展させたのが「サヤ」の使用という全く新しい技術の開発でありました。[*22] これは器物を粘土でつくった円く平たい底の鉢（これをサヤといいます）に入れて焼く方法で、窯中で灰を付着させることを目的としたそれまでの灰釉法とは完全に逆のものでありました。すなわちサヤに入れて焼くことは、灰がふりかかるのを意識的に避けた方法で、外側のサヤは酸化炎で焼かれて灰をかぶりますが、目的の内の器は空気の流通がないので灰のない還元窯で焼かれることになります。そのため外と内との器は同じ釉をかけてあっても全く異なる色として焼き上るわけです。今の青磁の基礎釉には、長石五、ケイ石二五、石灰石一〇、天草石九のような割合の配合例があります。なお青磁にはまったく灰釉を使わないわけではなく、弁柄のような色の釉を用いる例もございます。

やきものにおける灰は、必ずしもこれまで述べてきた木灰のような植物灰に限られるものではありませんで、目的に応じてしばしば動物灰、すなわち「骨灰《こつばい》」を使う場合もあります。一七〇〇年代、イギリスでつくられたボーンチャイナは、乳白色の優雅なやきもので、大変高級な磁器でありますが、このやきものの原料灰には牛の骨を焼いて得た牛灰が使われます。中でも牝牛の背骨灰には主要成分のリン酸カルシュウムのほか微量のマンガンや銅などが含まれていますので、焼き上りの色調を充分に楽しませてくれるものとして重宝されているのであります。

このイギリスにおける骨灰磁器は、骨灰四五、長石二五、ケイ石二・五、チャイナクレー（水簸《すいは》した白色粘土）二七・五などの割合の配合がみられ、これを一二五〇度Cで焼いてかため、これにフリットといってソーダ塩、カリ塩、ホウ酸などを高温で熔融してガラス化し、水に投入したものを配合した釉をかけ、酸化炎下、さらに一一〇〇度Cで焼いたものであります。日本におけるやきものでも、表面の美しさや芸術性を高めるいろいろな釉の配合に、骨灰を使用することもみられ、例えば長石一八〇、石灰石五〇、焼骨石二〇、カオリン二五の割合では、蕎麦《そば》釉という緑黄色の結晶を出すことができます。そしてこれにケイ石と骨灰および酸化チタンを加えると乳濁して参りまして、黄茶、薄緑、薄青などの海鼠《なまこ》釉特有の斑が出るといわれます。このほか青緑で乳濁させた青織部釉、鈞窯手上がけ釉、鈞窯手下がけ釉、辰砂釉陶器用乳白釉などにも骨灰が使われます。*22

Ⅳ 灰の効能

火伸《ひの》し／電気アイロンのなかった時代，灰と炭火を入れて器を熱くし，手ごて式のアイロンを日本人は考えた。ほかに灰の中でこてを熱くした差しごても今はもうみられなくなった。

『東医宝鑑』と灰

一六一三年、許浚教撰によって著された『東医宝鑑』は漢方医学の叢書として著名であります。[*23] ここに登場する薬の原料は大部分が植物中心でありますが、一部動物や鉱物原料もその配合処方箋に名を連ねています。その中には灰の字を持つ珍しい漢方薬や、驚くような原料で灰をつくり服用する方法など、長い伝統が継承された大変興味ある処方がみられますのでここにとりあげることにいたしました。

〈血〉

倒柏散（心と肺の内傷で吐血・下血する時に使う）

倒柏葉を蒸して乾したもの二両半、荊介穂焼灰・人参各一両を粉末にして、毎三銭に白麺二銭を入れて粥のようにして服用する。

髪灰散（血尿を治す）
髪を焼いて粉末にしたもの毎二銭を醋二合に湯を少し混ぜて服用する。
髪灰丸（血尿を治す）
髪灰に倒柏葉汁と糯米粉を等分に入れて梧子大に丸め、白湯で五〇丸服用する。
鹿角膠丸（房事過労と小便から出血するのを治す）
鹿角膠一両を炒って粉末にして丸め、没薬、油髪灰各六銭を粉末にして、白茅根汁に糊を少し混ぜ梧子大に丸め空腹時に塩湯で七〇丸呑み下す。
血衂（血が舌から出る症を治す）
髪灰二銭、醋二合を調合して服用するか、またはぬるとよい。
五灰散（一切の出血と血崩を治す）
蓮蓬殻、黄絹、乱髪、百草霜、棕櫚皮を焼いて梔子を黒く炒ったもの、松煙墨、血竭を加えて細末にし三銭ずつ生藕汁か生蘿蔔汁で服用する。
十灰散（嘔・吐・咯・嗽血と過労で大吐血する症状に効く）
大薊、小薊、荷葉、柏葉、茅根、茜根、大黄、梔子、棕櫚皮、牡丹波を等分に焼いて細末にしたものを生藕汁、生蘿蔔汁に松煙墨半椀をすって五銭を服用する。
十灰丸（血崩と一切の出血に効く）

黄絹、馬尾、藕節、艾葉、蒲黄、蓮蓬、油髪、棕櫚、赤松皮、新綿を各等分に焼灰し、粉末にして醋に糯米糊を煮て梧子大に丸め米飯で一〇〇丸呑み下す。

乱髪灰（一切の失血と吐、衄、便、尿の出血を治す）

乱髪灰を粉末にして醋湯または井華水で二銭を服用する。

〈虫〉

追虫丸（虫積を治す）

黒牽牛子を半生半炒し、頭末を取って五銭、大黄三銭、大腹子、檳榔、雷丸、錫灰醋炒、三稜煨、蓬求煨、木香二銭を作末にして毎三銭を肉汁で呑み込み、蜜で調下する。

妙応丸（腹に虫がつもった症を治す）

檳榔一両二銭、黒牽牛頭末三銭、大黄、雷丸、錫灰、蕪荑木香、使君子各一銭を作末し、葱白の煎じた湯で呑み下す。

〈目・耳・鼻〉

木賊散（目に冷涙の多い症を治す）

木賊、木耳を焼灰して等分に粉末にし、毎二銭を熱い米汁で服用する。

黄竜散（耳に水が入って膿がでる症と、小児の耳痛病を治す）

枯白礬、竜骨蝦、黄丹水飛、臙脂焼灰、海螵蛸蝦各一銭、麝香若干入れて作末し、耳

の中を脱脂綿でぬぎとるか、また薬をしめして耳の中につめて、いつもつめかえる。

爪礬散（鼻痔を治す）

爪蔕四銭、甘逐一銭、枯白礬、螺殻灰草烏尖各五分を作末して麻油で丸め、鼻孔に毎日一回ずつ痔肉につくぐらいにして入れる。

〈口〉

白灰散（緊唇を治す）

白布を燈心のようにつくって指の大きさにして斧の刃の上においておくと汁が少しでるからそれを唇にこすりつける。

〈歯〉

麝香散（歯から悪臭が出、膿がでるときぬる）

枯古礬、青黛、胡黄連、蘆薈各二銭半、蝦蟆灰半銭、麝香二分半を作末して毎半銭を患部にぬる。

細辛散（歯と頭の痛いときに使う）

麻黄三銭、桂皮、半脛骨灰各二銭半、羌活、草蔻各一銭半、当帰四分、藁本、蒼求各三分、防風、柴胡、升麻、白芷各二分、細辛一分を作末して、先に温水で口をゆすいですりつける。

〈乳〉

皀蛤散（吹妳と妬乳を治す）

皀角灰、蛤粉を各等分に乳香少し入れ、作末して毎二銭を熱い酒調服する。

〈腹痛〉

丁香脾積丸（食積、気滞、胸満、腹痛に使う）

三稜、蓬求各七銭、青皮三銭半、良薑醋煮、丁香、巴豆霜各一銭七分、皀莢一片焼灰、百草霜一匙を作末して糊で丸め、麻子大にして白湯で二〇〜三〇丸呑み下す。また竈《かま》中熱灰を醋であえてもよい。

〈皮膚〉

炉灰膏（黒痣につける）

響糖炉のなかに灰一升半、風化石灰一升を炒って竹箕に入れてまぜ、三椀を滾湯に入れて、ゆっくりと自然汁一椀を取って、煮て膏を粥のようにつくったあと、巴豆末二銭を入れ、次に蟾酥二銭と白丁香末炒五分、石灰末一銭を入れて、再び煮て乾麺糊のようになると患部にぬる。

〈腸〉

香殻丸（飽食による腸の不調を治す）

黄連一両、枳殻、厚朴各五銭、当帰四銭、荊芥穂、木香、黄柏各三銭、猬皮一箇を焼いて灰にしたものを作末し、麺糊で梧子大に丸め、温水で五〇～七〇丸を一日二回呑み下す。

〈痔〉

五痔散（痔の治療）

猪の左蹄甲、鱉甲、猬皮、露蜂房、蛇退を焼灰して作末し、混ぜて毎二銭に麝香少し入れて空腹時に飲む。

血竭散（痔瘻の痛む時に使う）

血竭、牡蠣粉、髪灰を各等分に作末し麝香を少し入れてつばで調合してぬる。

痔薬膏子（外痔と反花痔、脱肛、腫痛、血膿水の止まらない時使う）

柴灰淋濃汁三杯を煎じて一杯ぐらいになったら草烏片・大黄片各二銭を入れ、弱火で煎じて、半杯ぐらいになったら甘草一銭をまた入れ、二回ぐらい煮たあと、浄石灰末半匙を入れ、三～五回煮たあと生絹でこして再び煮て膏をつくり、冷めたあと胆礬五分を細末にして瓦器に入れ、使うときごとに竜脳末を少し入れてまぜ少しずつ一日一回、重症は三～五回薬水で洗ったあとぬる。

狩皮丸（痔瘻を治す）

槐花、艾葉炒の黄色くなったもの、枳殻、地楡、当帰、川芎、黄芪、白芍薬、白礬枯、貫衆各五銭、猬皮焼一両、髪灰三銭、猪蹄甲一〇枚、皇角一挺醋灸を作末して蜜で梧子大に丸め、空腹時米飯で五〇〜七〇丸呑み下す。

〈嘔吐〉

聖灰散（食べたらすぐ吐く症を治す）

窯からでる灰を鍋の中の滚水に入れ、とけたら渣を取り清澄水を取って煎じ、水が乾いて黄色になるのを度とし、缶の中に入れて封をし、気が抜けない前に使う。

〈お産〉

二退散（難産を治す）

蛇退一条と蚕退紙を焼いて灰とし、作末して温酒で調服する。

霹靂丹（出産のとき気を失い、目がひっくりかえり、口をつぐんで顔色が黒く、よだれをたらし、母子いずれかが死ぬような状態のとき、急いでこの薬を使って助ける）

蛇退一条と蚕退紙を焼いて灰とし各二銭、男子頭髪の焼灰、道ばたに捨ててある草鞋を焼いて各一銭、乳香五分、黒鉛二銭半、水銀七銭半、鉛と銀は鍋に入れ、火で溶かして砂つぶぐらいになったら細研して豚の心血で梧子大に丸め、金箔で衣をして毎二、三丸を呑み下す。

亀殻散（難産で死にかかる症と、骨盤が開かない症を治す）

亀殻一個、男・女婦人の毛髪ひとにぎりを焼灰し、川芎・当帰各一両を作末し毎三銭を水で煎じて服用する。なお男・女婦人の毛髪とは子を生んだことのある夫婦を意味する。

以上、灰にかかわる漢方薬をいくつかご紹介いたしましたが、これらのほか、次のような焼灰が種々の病症の治療に登場しております。

〈止血・治血〉

油髪灰、新綿灰、棕櫚灰、梔子灰、乾柿灰、荊芥灰、蓮房灰、蝟皮灰、牛角腮灰、乱髪灰、狗頭骨灰

〈痰〉

海蛤焼灰、蜆殻灰

〈婦人病特に血崩、帯下〉

鹿茸灰、雀肉灰、牛角腮灰、黄狗頭骨灰

〈赤痢・白痢〉

酸石榴殻灰、薺葉灰、乱髪灰

〈顔のしみ、ソバカス〉

藜灰、白茯苓灰、桑柴灰、鹿茸灰

〈口吻の病、口の腫れ、口瘡〉

檳榔灰、蛇蛻灰、西瓜皮灰、乱髪灰

〈痔と瘻瘡〉

鰻鱺魚灰、全線蛙灰、鶏骨灰、啄木鳥灰、諸懸蹄灰

〈発毛、脱毛〉

羊糞灰

〈熱痱病〉

蝦蟆灰、油髪灰、乾蟾焼灰

〈脹満〉

桑柴灰

前灰（黒焼き）と薬

漢方薬と灰についてこれまで述べましたが、灰になる直前の、すなわち前灰状態にしてその薬効を期待するものに黒焼きがございます。灰とは少し異なりますが、一部灰化までする黒焼きもありますので、ここで日本の民間伝承療法の一つ、黒焼きについて少し述べてみましょう。

江戸時代、根岸鎮衛という人が江戸の奇談や教訓話を随筆風にまとめた有名な『耳袋』に、黒焼屋のことを次のように紹介してあります。

江戸表の繁華、何にても用の足らざる事はなし。色々の商売もある中に、或人何か薬にするとて蟇《がま》の黒焼を求めけるが、寒気の時節にて虫も皆蟄《ちつ》して求めかねしに、両国米沢町松本横町にボウトロ丹といえる看板これ有る家に、何にても黒焼のなき事はなし。草木鳥獣薬になるべき品、その形のまま黒焼にして商うよし。人の為なればここに記す。[*24]

黒焼きはもともと中国の本草学から発したものといわれますが、その後中国ではすたれて日本に残ったとされる民間伝承薬の一種なのであります。江戸初期の『本草綱目』には、

「蛇のぬけ殻を焼灰して母乳に加え用いれば小児の吐血は止まる」とあり、はじめの形は焼灰のようでありました。その後十七世紀の元禄以降、京の九条、大阪の高津、江戸の御成門、両国などに元祖と称する黒焼屋が現われて不老強精の妙薬として蛇の黒焼き、イモリの黒焼きなどが売り出され盛んとなりましたが、明治以降は西洋医学の導入によって黒焼きを中心とした民間薬療法の利用者は激減いたしました。

さて昭和二（一九二七）年、ライオン歯みがき粉会社は歯に関する展覧会を東京、大阪、名古屋などで主催しました。この催しは歯に関係ある文献、風俗はもちろん、人類学や民族学の立場からもあらゆる資料を集めたもので、当時この学術展は高く評価されたものでありました。この催しに出展した多くの古文書や文献、資料は昭和三年から同六年にかけて全六冊に集大成され『よはひ草』（中尾清太郎編）と題して刊行されましたが、この本は今日でも学術的に価値の高いものと評価されています。この中には昔から虫歯や歯痛に悩む人への手当ての仕方も随所に記述されており、その方法も呪《まじな》いから漢方治療に至るまでまちまちで実に興味の深いものであります。中でも昔の民間薬として黒焼きは頻繁に登場し、多くの場合、歯痛止めに使われているのでした。その二、三をご紹介いたしましょう。

『燕石雑誌』

「歯を患ふるもの、節分の日、門に挿したる鰯の頭を霜《くろやき》とし、その痛む歯に銜《くくま》すれば、即ち愈ゆ」（以下略）

また虫歯になったり歯が痛むのは平素、その養歯方をおこたっているからで、次のようにすれば歯はいつまでも丈夫であるということも記してございます。

「黒き蛤の肉を去り、その一隻の貝へは塩をつめ、亦一隻へは飯をつめ合して、火中に投じ、焼果て後、掻出して搗砕き、毎朝これをもて歯を磨けば、よく口熱を去って、老後に歯の抜けること稀なり。もし蛤の黒きを獲ざる時は、青竹の節をこめて五六寸に截取り、筒の中に塩をつめ、筒と共に焼きて、搗砕きたるもよし。亦翠《まつのみどり》実をとりて、これを塩に和《あ》へて霜《くろやき》とするを松葉塩といふ。しかれども蛤の功、竹と松とに勝れり」

『茶葭堂雑録』

「齲歯《むしば》には百足《むかで》の黒焼きを、虫くひの穴へ入るべし。治すこと奇なり」

『経験千方』

「虫歯の痛止のまじなひには、杏仁《きょうにん》黒焼にし、絹にて包み、くわへてよし」

「歯をかためるまじなひには、赤にしのからへ塩をつめ、ハコベの汁をもみ込み、黒焼にし、常にぬるべし」

「歯ぐき腐れ膿いづる時には、尾長うじ黒焼にし、めうばん少し入れ、粉にして附すべし。

また蓮《はす》の葉に三年味噌をぬり、黒焼にし附すべし」

ところでこの歯痛を止めるに用いる黒焼きの材料は地方によってもまちまちで、『よはひ草』には各地に伝わる言い伝えが次のように列記されております。

「茄子の帯を黒焼にして寝る前につける」（東京）

「茶と昆布を黒焼にし、等分に合せ、粉末にして塗布する」、「ひね茄子を灰に焼きて塗る」、「尾長蛆を黒焼とし、明礬を加えて粉末して塗布する」（以上大阪）

「炭木に出来る白い灰をとり同量の塩を混ぜて使う」（兵庫）

「正月十四日の夜、道祖神の小屋を燃したとき、おぬ団子（繭《まゆ》の形をした団子）を燻《いぶ》し焼にして食べる」、「口のただれは綿を焼いてその灰をつける」（以上山梨地方）

「茄子の花を黒焼にしてつける」、「生茄子の皮の黒焼を砂糖蜜にて煉り合せ含む」、「梅干の黒焼を粉にして傅く」、「橙子を黒焼にして傅ける」、「ウナコウジを黒焼にして足の心に貼る」、「海藻を黒焼にして傅く」、「昆布を黒焼にして傅ける」、「冬瓜を三年糠味噌につけ、黒焼にして傅ける」、「蝸牛《かたつむり》を黒焼にして痛みに傅ける」、「鯉の鱗を黒焼にして傅ける」、「藜、蓮の葉、蕨、昆布の根、枯礬、沈香などの黒焼を傅ける」（以上岡山）

今日の歯の治療は現代歯学の進歩のおかげで大変に楽になりましたので、我々には歯痛の苦しみは今や昔の如きものとなりましたが、昔はこの苦痛をはやくやわらげようと手当たり次第に種々の黒焼きが次から次にと試みられ、それが少しでも効果ありとみるや全国にすばやく広まっていった時代背景が、この『よはひ草』から手にとるようにわかるような気がいたしまする。

『秘術伝書』と灰

日《ひ》に開《ひら》け月《つき》に進《すゝ》む所《ところ》の泰西科学《たいせいくわがく》の力《ちから》は、今《いま》や造化《ぞうくわ》の神秘《しんぴ》を破毀《はき》し、宇宙《うちゆう》亦《また》不思議《ふしぎ》なるもの無《な》からんとす、啻《たゞ》に雷電《らいでん》を役《えき》し、蒸気《じやうき》を駆使《くし》するのみに止《とゞ》まらざるなり、是《こゝ》に於《おい》てか、神仙《しんせん》を招《まね》かざるも、長生《てうせい》の術《じゆつ》之《こ》れを得《う》べく、魔神《まじん》を降《くだ》さゞるも、幻怪奇異《げんくわいきゐ》の法《はふ》之《こ》れを施《ほどこ》すべく、彼《か》の古来一子《こらいゝつし》相承《さうじやう》他見《たけん》を許《ゆる》さずと云《い》へるが如《ごと》きの秘伝《ひでん》、亦悉《またことごと》く科学《くわがく》の原理《げんり》に暴露《ばくろ》せらるゝことゝはなれり。

此編載《このへんの》するところ、曰《いは》く長命術《ていめいじゆつ》、曰《いは》く記臆術《きおくじゆつ》、曰《いは》く美人《びじん》となるの法《はふ》、曰《いは》く催眠術等《さいみんじゆつとう》にして、鼇頭採録《ごうとうさいろく》するところの幾百種《いくひやくしゆ》の秘法奇術亦確実《ひはふきじゆつまたかくじつ》なる根拠《こんきよ》ありて、彼《か》の世上幾《せじやういく》種《しゆ》の書冊《しよさつ》が、徒《いたづ》らに虚構《きよこう》の事柄《ことがら》を記載《きさい》し、衒耀誇大以《げんようこだいもつ》て人《ひと》を欺《あざむ》くが如《ごと》きものにあらず。

右の文は明治三十（一八九七）年に発行された日用百科全書第二十四編『秘術伝書』（大橋又太郎編博文館）の書出しの一文であります。この本には長命術、記憶術、美人となる術、催眠術などまことに嬉しくなってしまうような秘術が綿密に記述されていまして、その方法がまた現代科学からすると実に滑稽で、思わず笑い出してしまうようなものもあり、まったく以って愉快な秘術伝法書であります。しかし今だからこそ科学でケリがつくものの、当時からすればこの本は大変に重宝で、家庭には必携の書でありました。

ところでこの秘伝書には各頁毎に「万秘伝」という項目があり、日常のいろいろな事態に対応する方法（例えば餅が咽《のど》につまった時の術、蜂にさされた時の術、女の嫉妬を止める術、ネズミにかまれた時の術など）や、上戸を下戸に、下戸を上戸にする術、女の相をみて多淫なるを知る方法、走る時に息の切れぬ術、長居の客を早く帰す方法などの人事編から、暑気に魚肉を貯う法、米を二十年虫に喰われぬ貯え法、生きたる鯉を遠方に送る術、砥石なきところで刃物を磨く術、油一合にて灯一カ月ともす法、乗たる馬つなぐ所なき時、つながずにおいてもそこを動かぬ術などの日用雑事編まで六七〇もの秘術を伝えています。大変に楽しい本でありますので、ここではそのなかから灰に関する秘伝について紹介することにいたしましょう。

〈人事門〉

毛をぬく薬方　これは毛をぬくとき痛まざる薬なり。籾《もみ》の摺糠《すりぬか》を焼物に入其中へ炭火を入れて焼灰となし是を細末してぬく所にすり付おきぬくべし。

蛭《ひる》の食たる後血の不止ときの伝　藁《わら》の灰の黒く焼けたるをつくべし後にかゆみあるは瘡《かさ》になることあり其のときは烟草のやにをつけべし。

酒を飲む者の吐血の良法　酒を好む者の吐血は大根の絞汁を塩少し入て用ゆ又小豆の花を煎じて用ゆ何等の症の吐血たりとも髪の毛の油を洗ひさりて焼灰とし白湯又は酢にて服すべし。

〈飲食門〉

味噌の損じたるを直す法　味噌の損じ悪くなりたるには木灰石灰を等分にしてふるひ楊梅《やまもも》皮と下品の茶を煎じて右の灰に和し握りて手をひらけばばらつくほどにこねおきて味噌一石に灰の目三匁なり味噌桶より外へ味噌を移し其上へ灰をふりかけ其みそをひつくりかへし食ひみれば忽ち直るなり。又法篠竹に菜油《なたねあぶら》を入味噌にて蓋をして一夜おくべし直ること奇妙なり。

酒の醭味の酸を直す法　石決明《あわび》の白焼を粉にしてかび酸くなりたる酒のなかに入れば味よく直るなり。又法瓜蔞子《からすうり》をよく洗ひ火にて焼き灰にして酒の内へ入攪拌《かきまわ》せば酒忽ち澄て味よくなるなり。

午房山葵土筆《ごぼうわさびつくし》の類を久しく貯ふる法　河原のじやり砂小石なきやうによくふるひて砂を日にほしてよくもみ砕き藁灰を等分にまじへ地に穴をほり右の砂を入午房山葵土筆

ふきのたう芋栗生姜の類を生《いけ》おけばしおれず久しく貯ふべし但し蕗のたうは一、二日ほして生《いけ》る土筆は根の付たるを五、六本づつ根をまきて砂に生おくなりかくすれば出してもとりたての如くなり。

青物砂糖漬の法　天門冬は生にてよくむし皮をさり心をぬきさるなりよくむさりたる時は皮よくむけるものなり偕《さて》よくむしたるを竪にわりて中の心をぬきさり是を再びよく湯煮して早稲藁の灰汁一升の中に枯礬《こばん》細末一両目を入てよくかきまぜ此水に三日浸して取あげ清水にて洗ひ流しにして其上前法の如く砂糖にて煮つめるなり但し枯礬のかはりに草撥《そうはつ》にてもよしとするなり。

塩の湿らぬ法　常に灰の上に塩ざるをのせおくべし決してしめることなし。

酒のかび味の酸きを直す法　石決明《あわび》の殼を白焼にし其粉を酒の中へ入なりさすれば忽ち風味よくなるなり又藤の花のかげ干を入れてもよろし又方烏瓜《からすうり》の実をよく洗ひ火にて焼きて灰になし酒の中へいれ攪拌《かきまわす》れば酒忽ち澄て味よくなるなり又酒多く損ねたるには酒一斗に玉子一ツ石膏半両を粉にして縮砂半両杏仁七ツ右四色を酒に入壺或は樽に入口を封して三日あまりおけば良き酒となるべし。

〈衣服門〉

衣類に魚鳥の油付たるを落す法　もし衣るゐに魚鳥の油の付たるは栗と米とをかみ砕

き其上にぬり水を以て洗ふべしよく落るなり又灰汁にてもよし。

絹を練る法　たとへば絹一丈ならば早稲藁を四把焼て灰汁にたれたぷたぷと鍋へ入沸し立て絹を入練るべし偖《さて》絹の端をよりて見るべしよれずばまだ練るなりよくよれたるはよし絹のみみを指の先にてこきて見るに糸よるならばよしと知るべし紬《つむぎ》は泉にて練べし練加減は絹と同じことなり。

布を晒《さら》す法　藁灰のあくを濃して能き天気に二日ほど灰汁の残らぬやうに漬てさらし其後水にてあくをたれさいさい漬てさらしいかにも白くなりたる時蘩《はこべ》を入て青くなる程布に搗きしめし其後水ばかりにて白くなる程搗おとしよく水にてさらすべし前の灰汁につけて晒す内三、四夜程夜さらしをすべしかくすれば白くなること雪をあざむくべし。

〈器財門〉

香炉の灰の法　香炉の灰を桃色にするには石灰一升、丹拾両、小麦藁椿二品を黒焼にして灰汁のたれ其灰汁にて右の石灰と丹砂とを打込みよくよくいさせて上の澄たる水をすて日に干し手に付ざる時握拳《にぎりこぶし》ほどににぎりかため黒焼壺へ入てよくよく焼べし取りいだし上皮をけづり去り薬研《やげん》にておろし用ゆべし青色にするには石灰一升南良緑《ならろく》青《しやう》十両拵《こしらへ》やう如レ此。

新しき鍋釜の鉄気即時に止る法　新しき鍋釜の鉄気《かなけ》をとむるには先鍋の内にて藁をたき灰となしさましおきて後灰を取去り鍋の内へ油をぬり竈《かまど》の下にぬる火をおきて油気を乾かすべし。

毛の類を染る伝授　馬の毛を早稲藁の灰汁にてよく洗ひ米泔汁に三日ほど漬おき素水にてよく洗ひ日にほして後に染べし染汁は蘇木百目肥松十匁熊笹の十枚を入よく煎し塩十匁醋少しく加へぬる湯かげんにして染へし熱きは悪し但し二日ほどつけおき取出して色合いをみて日によくほし三日ほど過て水にてさらさらと洗ふべし。

〈妙術門〉

花火の法　しだれ柳の法は焔硝十匁、硫黄二匁七分、灰三匁七分、鉄九分。鬼こぶしの法は焔硝十匁、硫黄一匁八分、灰三匁、鉄九分。山吹きの法は焔硝九匁、鉄三匁一分、硫黄一匁五分、灰三匁一分。花火線香の法は焔硝一匁、硫黄四分、灰一分、松《しょう》烟《えん》二分五厘。

鏡に人形の顕《あらわ》るる秘伝　竹瀝《ちくれき》（青竹を炭火にかけあぶりて竹より出る汁なり）、髪灰《ばつくわい》（さいかちを煎じ其汁にて髪毛を洗ひ油気を去て黒焼にす）、亀の溺《いばり》（石亀を鉢に入かごをおほひおけばいばりを出す）、ひきのあぶら右の四色をよくすり合せ鏡に人の相を絵に書き日にほして後あはせ砥にてよくとぎて絵を落し砥の粉と梅むきの醋にてみがき其上を水銀《みずかね》にて常のごとく磨けば明らかになり鏡の底に人かげ残り絵にてもなくさながら人かげのやうに見ゆる秘事なり。

烟草《たばこ》の火一つにて一日保つ法　椿の木を炭ほどに切干かはらけ灰のなかにうづみおき偖犬蓼《さていぬたで》を黒焼にして其木のうへにかけ小き火をその黒焼の灰の上にかけべし如レ此すれば自然と火うつりて一日火たもつなり。

書く秘伝　天鵝絨《びろうど》の切にて拭《ぬぐ》ひ其後にかけば墨をはじかず又あつき灰を紙につつみて拭ひてもよし。

糊にて張たる物の鼠の食ざる法　皮籠《かご》その外何品にても糊にて張りたるもの鼠の食ふことをいとはば糊のなかへこんにやく玉を少しく加ふれば決して鼠くはず又かまどの灰を少し加ふるも功あり。

珍珠を洗ふ法　珠を洗ふには一夜乳にひたしおきて後に益母草《やくもそう》の焼灰にて沸汁《あく》をこしらへ温飩粉《うどんこ》を少し入て絹袋に入てかるくもみ洗ふべし。

種《たね》物即時にはゆる法　家鴨《あひる》の卵をすりつぶして灰をまぜ是を土用の中日にほし折敷《おしき》にひろけ竹にても種を是へまけば手をひかぬうちに生ること奇妙なり。

ところで『秘術伝書』には前に述べた黒焼きも多く登場して参ります。しかしここでの黒焼きは古来から漢方療法として伝統的に治療薬として用いられてきたものとは少し意味が異なり、日本人が独特に考えた民間伝承薬的性格を濃くするもので、当時の時代背景から考えるとその材料などに興味深いものが多いので少しご紹介してみましょう。

髪を黒くする法　甘蓮草又たかさぶらうともいふ三匁黒焼ろうは三匁粉にして小麦の粉少し塩少し右の品々を薬研にておろし細末にしふるひ小鍋に入琉球の火酒《しょうちゅう》にて練ば漿麩《しょうふ》の練立たるが如くなる時加減よし堅きはよろしからし髪を染んとおもふ時にまず髪を灰汁にて二、三度洗ひ油気なき時頭毛《とうもう》曲尺《かね》一分はかりなれはさし分け右のねり薬を頭毛を見へざるほど塗り一夜切布にて包みたき翌朝湯にて薬を洗ひおとし油を付けずにすくべし一度にて染らざれば二度染むべし黒くなること奇妙なり。

白髪を黒く染る法　桐の木を皮とも黒焼胡桃《くるみ》からとも黒焼菰米以上の三味を粉にして蠟にてゆるく練てぬるべしいかほどの白髪にても黒く染り少年のごとくに見ゆるなり。

染めたる歯を即座に白歯にする法　笹の葉を黒焼にして灰とならざるを指のはらにつけてみがけばおはぐろたちまちおちて白歯になるなり。

南蛮流毛生薬（此法大秘密なり）　蛙の皮一匁黒焼、蝸牛《かたつむり》一匁黒焼、真菰二匁黒焼、皂角子《さいかちのみ》二匁、犬ひり草二匁、樒《しきみ》の汁三盃、生姜の汁二盃此二色の汁をひとつにして椰子の油一盃入等分に煎じ布にて漉し右五色の薬をまぜ其後に唐蠟《たうろう》を入て能加減《よきかげん》に練り是を付べし。

寝小便を治する法　鶏《にはとり》の腸《はらわた》を黒焼にし白湯《さゆ》にて用ゆべし治すこと妙なり。

咽喉《のど》腫ふさがり呼吸通ぜすして死せんとするを救ふ妙法　萵苣《ちさ》の根を黒焼にして茶碗に入てよくすりて細末にし管を以て咽喉に吹入るべし此薬の奇妙なる事咽喉へ入る其まま開き呼吸《いき》通ずるなり此法は秘中の秘なり疎略に思ふべからず咽喉のふさがりたるは尤危急の大事なり他の薬にてはかやうに速功なし此薬数百人を救ふて覚えあり洵《まこと》に済世《さいせい》の神薬なり。

目に物の入たるを出す法　柚子のたねを黒焼にして舌の上におくべし其まま出ること妙なり。

大便を久しくこらへる伝　柘榴《ざくろ》の実を丸ながら黒焼にして渋柿の色付たるを黒焼にして此二色を等分に合せおき粉にして白湯にて呑ばとまりこらへること妙なり。

幾夜ねざれども眠からぬ術　鶕《はいたか》の尾を黒焼にし水にて溶き臍《へそ》に入上を紙にて糊を以て張おくべし夜ねむからず奇妙の法なり。

小児百日咳の咒　雀の千足と称し雀千羽の足を一器にて黒焼にしたるを細末して耳かきに二ツばかりを呑《のま》すれば必ず止《とまる》ものなり但し此黒焼は何れの黒焼屋にても販売する

ものなり。

接骨の極秘伝方　　生鮒《なまふな》の生たるを三枚におろし腸《はらわた》を外へ捨べからず海か川へ捨てべし偖青《さてあお》団《た》の稲をとりかねてかげ干《ぼし》にしておきひるも草のかげ干し此三味を黒焼にし薬研にておろし疵口《きずぐち》へ入て桑のあまはだにて巻て少し酒にても飲てよし骨よくつげて再び発らず。

旅中にて火を懐中して絶ざる法　　杉原紙を黒焼にしふのりにて練かためて火をつけ板にてはさみ旅にて懐中《かいちゅう》するに火消ずして久しく保つこと妙なり。

このほか漆器の継《つぎ》には万年青《おもと》、淋病には土竜《もぐら》、打撲とくじきには水仙の根葉、突眼《つきめ》には土竜の腸《はらわた》を去って紅花をその腹に詰めたもの、尖《とげ》ぬきには鳳仙花の花実根の黒焼が効くとあります。以上日本の民間伝承にみられます黒焼きの秘伝をご紹介してみました。いかがでしょう、中には、試してみる価値のあるものもありそうではございませんか。

〔参考資料〕

昔の婦人は結婚すると歯を黒く染めました。その黒い染料をつくるときに重要なものが貝灰でした。そのお歯黒の原料の一つである貝灰の製造法を『香登お歯黒考』

（香登郷土史研究所刊）より紹介しておきます。

貝灰（蜆《しじみ》貝の灰）

西大寺周辺の吉井川下流で採取の蜆貝を持ち帰りて、貝殻釜で焼き貝灰を作っていた。蜆貝は多量の粕が出来て、原料の目方の三分の一程度の歩止まりである。次に蜆焼釜の説明図を附記する。

蜆焼釜（百貫目焼釜図）

高さ　八尺
直径　五尺

角釜一尺位の高さでロストル（火格子）を敷き、四貫俵十五俵の堅炭を並べてから点火し、凡そ半分……五〇貫位の蜆貝殻を移して、火が完全におこってから口を締め、上天井の穴も密閉して、二昼夜経過後下の口を開けて、貝灰を搔き出すと、貝の格好その儘の姿の白い灰が出て来る。それを納屋の中に入れて安置しておく。

納屋は、三間～七間の中を三室程に仕切ってある。

地元に貝灰生産量不足を告げた場合は、旧上道郡雄神村釜越の坪井家が受託焼を請負っていた。

原料三種調合秘方

三種調合の秘法の鍵は混合割合にあった。類似品の製造を不可能にした。

(イ)　山付子製粉剤　一、二〇〇匁

(ロ)　ローハ製粉剤　七〇〇匁

(ハ)　貝　灰　　三五〇匁（貝灰は五倍子含有の漆の中和剤に必須な薬剤である）

貝灰の分量が少しでも多過ぎると、塗ったお歯黒がはげてくる。又少しでも少なかったら、全身が痒《かゆ》くなり、腫上りできものとなる。この点他業者には究明不可能の秘法であった。

V　灰の恐怖

有珠山噴火後 30 分
(小林純氏撮影)

火山と灰

火山灰

一九八〇年五月十八日、アメリカのセントヘレンズ山（二九五〇メートル）は、それまでに何度かの小爆発を繰り返した後、突如今世紀最大ともいわれる大規模な爆発を起こし、「ワシントン富士」とも呼ばれていた美しい姿は一瞬にしてふっ飛んでしまいました。火山の威力はいまここで説明するに及びませんが、そのすさまじさについて二、三例をあげながら火山灰の話をいたしましょう。

多くの自然現象の中でその壮大さと凶暴な振舞いのため、人々に驚異と恐怖の念を起こさせるのが火山の爆発です。この想像を絶する巨大エネルギーは、地下数キロメートルから数十キロメートルにある一〇〇〇度Cもの高温で溶けている岩漿（マグマ）が地表に噴出する際、そのガスの爆発や噴き上げ圧によるものでありますが、その際のエネルギーは実に巨大で、例えば一七八三年の浅間山の大爆発では、そのエネルギーが 1.7×10^{20} erg

（1 erg《エルグ》とは1 dyn《ダイン》の力が物体に作用して一センチメートルだけ動かす仕事量です）、噴出圧力563 atm《アトム》（通常の大気圧は海面上で1 atm――1013 hPa《ヘクトパスカル》――でありますので、何と平常大気圧の五六三倍の気圧ということになります）、噴出初速度は763200 m/hr（秒速にすると212 m/sec）というものすごさでありました。これからすると、今世紀最大といわれるセントへレンズ山の爆発力は、想像もつかないエネルギーであったろうと存じます。

したがって火山のこの巨大エネルギーが人間に与える被害とその悲惨さもまたはかり知れないものなのであります。火山の爆発による被害で最大なものは何といっても噴出物による直接被害でありましょう。溶岩の泥流は全てを一瞬のうちに灰化させ、岩石の破片は水と混じって泥流を形成し、緑の自然を灰色と化し、熱雲や灼熱の泥岩に多くの尊い人命が消えていったあの惨状は、一九九〇年から九二年にかけて起こった日本の雲仙普賢岳にもその記憶が生々しいと存じます。

一九〇二年、西インド諸島マルティニク島モン・プレー火山で起こった熱雲などでは瞬時にして山麓の町が焦土化し、二万八千余名もの命が消えていったのでございます。

火山の噴出物は火山ガス、溶岩、岩石破片状物質の三つに大別されます。まず火山ガスとは大部分が水蒸気であり、少量の炭酸ガス（CO_2）、窒素ガス（N_2）、亜硫酸ガス（SO_2）などを含み、マグマからガス状となって分離し噴出する場合や、火山付近の山の表面近くにある地下水などがマグマに熱せられて噴出するケースなどさまざまであります。

次に溶岩は地下のマグマがそのまま地表に現われたもので、一〇〇〇度Cから一二〇〇度Cと極めて高温の状態にあり、玄武岩、安山岩、石英安山岩、流紋岩などの岩石で占められていて、火山の種類や地域によってこれらの主要構成岩石は異なるのです。

また岩石破片状物質とは、噴火口近くまで上って来たマグマが、地下のガス圧の急激な変化によって爆発する時、マグマを細かくちぎって火口から空中高く吹き飛ばすもので、時にはすでに固まった溶岩の一部や各種の岩石をもこの爆発の際に破壊して破片物質をつくり出します。

したがって破片状物質といっても大きいものから目で見ることのできない微細なものまでまちまちで、これらを総称して火山放出物と言う場合もあります。破片の直径が四ミリメートル以下の細かいものを火山灰といい、このうち直径四分の一ミリメートル以下の特に微細なものは火山塵《じん》といいます。火山塵の最も小さいものは何と二〜三ミクロン（一ミクロンは一ミリメートルの一〇〇〇分の一）程度の目に見えぬものまで存在しています。四ミリメートル以上から三二ミリメートルまでのものは火山礫《れき》、三二ミリ以上のものを火山塊《かい》とよんでそれぞれを区別しているのです。またマグマの破片が空中でガスを放出し、そのため気泡を持つ放出物となって固まったものが軽石《かるいし》で、空気中でこのように急速に固まったものを火山弾といい、火山灰が地表で固まったものを凝灰岩、火山灰と火山岩塊とが混ざって固まったものを凝灰集塊岩《かいしゅうかいがん》などと分けてよんでいます。

さて火山灰は、火山ガラスと斜長岩、紫蘇輝石《しそきせき》、輝石などでその九九パーセントを占め、元素成分としてはガラスの主成分であるケイ酸（SiO_2）が最も多く、次いで鉄酸化物（FeO）、カルシュウム酸化物（CaO）、アルミニュウム酸化物（Al_2O_3）、マグネシュウム酸化物（MgO）などによって主要が構成され、そのほかにチタン（Ti）、ナトリウム（Na）、カリウム（K）、リン（P）、マンガン（Mn）などの酸化物が含まれています。そしてこれらを構成する成分の組成の違いにより白色がかった灰色や、赤褐色、黒褐色、黒色などさまざまな色を呈するのであります。

人間にとって火山灰は今日でもさまざまな形での恐ろしい闘いの相手でもあります。今日も高々と空に噴煙を上げている我が国の最も代表的活火山でありますます桜島を例としましても、いかにこの山の降灰禍が悲惨で恐ろしいものであるかは、以下を読まれることにより、納得していただけることでしょう。桜島は今からおよそ二万三〇〇〇年もの大昔から、さまざまな噴火や爆発を繰り返しながら今日に至っております。この島の火山現象の記録がはじめて登場するのは和銅元（七〇八）年からで、それ以後大爆発と称されて記録されたものは実に四五回を数え、小規模の爆発を含めますと数えきれないほどの回数となるのです。

この中で最も規模の大きかったものは文明（一四七一年）、安永（一七七九年）、大正（一九一四年）の三大爆発で、文明と安永の爆発では、ともに溶岩の流れと火山弾による被害で多くの人畜に犠牲が出たと記録されております。またこの人畜被害という直接的な打撃のほかに、その陰には、さらに深刻な恐ろしい地獄が口をあけているのであります。それは降灰による農作物への影響で、それでなくとも当時の栽培技術の未熟さに加えての天災でありますから、多数の餓死者も出たのです。

大正三年の大爆発は一月十二日、突如南岳の火口群がいっせいに活動を開始して爆発、この時の爆発音は四国全域のほか島根県松江市、岡山県津山市、兵庫県播州赤穂市を範囲線で結ぶ、何と五〇〇キロメートルの地域内にまで届き、その時の降灰は、九州、四国はもちろんのこと、東北の北部にまで達したといいますからまさに驚くべき規模であったのです。そしてこの爆発により、それまで海に浮かんでいた桜島は、溶岩の流出おびただしく、まもなく海峡を埋めながら大隅半島へとつながってしまったのです。その後昭和に入ってからも噴火は引続き繰り返され、昭和二十一（一九四六）年にも比較的規模の大きな爆発が起こり、そして昭和三十年十月十三日の爆発以来、昭和五十二年十二月までの間、小爆発回数二八〇〇〇回、噴煙回数約一万一〇〇〇回、火山灰や噴石などの火山放出物一億数千トンを吐き出し今日に至っています。

桜島にかぎらず火山による降灰禍は、日常この苦しみを直接体験しない人には想像もつかない苦しい闘いなのでありまして、実際にこの禍をこうむっている人達にとってはまさに死活問題といえるほどに深刻なのであります。地元の新聞社にあって、この降灰禍を克明に記録し社会にこの問題を訴えた市坪弘氏の著『火山灰に生きる』[*25]から、いかにこの禍が怖いものであるかを要約し、ご紹介しておきましょう。

桜島の子供達は、日常外出するときにはカサとヘルメットを手離さないと申します。カンカン照りの校庭で、ヘルメットをかぶりソフトボールをする児童、これをコウモリガサをさして応援する子供、そこへ夕立のように「ザーザー」と激しく音を立てて降る灰、実に異様な光景の写真がまず掲載されています。そして昭和五十一年五月十三日の爆発では、直径八センチメートルもの噴石が子供達の頭上に落下し、子供達のヘルメットはその強い打撃でヒビ割れしたということです。この日の噴煙は高さ二七〇〇メートルと記録されておりますから、もしこの高さからその噴石が落下してきたといたしますると、その落下速度は秒速二三〇メートルであると地元の大学では計算いたしました。ピストルの弾は秒速約二四〇メートルといわれていますから、まさにピストル弾の雨が降ってくるような恐ろしさということになり、ヘルメットの常時着用も当然のことだと思われます。

その上、小爆発の度に降る灰は、しだいに農業、漁業、観光など多方面に被害を及ぼしていきます。降灰は黒みがかった灰や灰白色、赤褐色などさまざまでありますが、このうち農作物に最も影響を及ぼすのは赤褐色の灰、いわゆる赤灰であります。この灰は大変に微細な粒子から成っていて、その粒径は〇・二ミリ以下という小さなものでありますため、植物の気孔を塞《ふさ》ぎ枯死させてしまう上に、塩素イオンや硫酸イオンを多含しているため、植物の葉や茎部で水と反応し、そこで塩酸や硫酸に変るため、植物は焼けただれたように枯れるタチの悪い灰なのです。この恐ろしい赤灰は、火口表面近くでガスや空気と長く接触して酸化物となった灰で、大きな爆発などの時にはまとまって降ってきます。つまり四日市公害でその怖さを知った亜硫酸ガスや塩素ガスに似た灰が、どんどん降りかかってくるのでありますからたまったものではございません。この灰にあたるとミカン、ビワ、桃などはボタボタと音をたてて落下し、大根は目の前で枯れただれ、緑の葉は白や黄に変色し、イチゴは全滅という無残さであると申します。

降灰が多量であると、灰が水分を吸収して、著しいpHの変化が起こり、例えばミカンなどでは葉の表面が乾燥変色します。するとそこには、灰に強く、その上乾燥状態を好むカイガラ虫類やダニ類の数種が多量に発生し、一方これを喰い殺す天敵のキアシクロヒメテントウ、ベダリアテントウ、ルビーアカヤドリコバチなどの昆虫は逆に灰で激減、害虫はますます爆発的に繁殖するという悪循環が生じますので決定的打撃となるわけです。さらに降灰は、タバコの耕作農家へも容赦なく被害を及ぼします。葉タバコは品質によって一等から五等まで五段階に分けられ、その階級に合った値段で引きとられますが、常に一等を七〇〜八〇パーセントを占める優秀農家が、降灰のひどい年、例えば昭和四十九（一九七四）年には一等へはわずか三〇パーセントほどしか入らず、その大部分は三等や四等へと格下げされたということです。葉タバコに灰が付くと、農家は、一枚一枚ブラシで灰を落とす作業を強いられ、この灰落としに、タバコを一ヘクタール作っている農家では延べ一〇〇人もの人手を雇う必要があり、その人件費だけでも大変な額となるのだそうです。また茶をつくる農家が市場に茶を出すと、灰を検出するための厳重なチェックが待っていて、この試験で灰の反応が出たり色が悪いと値は下がる。そこで灰をかぶった茶葉には動力噴霧機による灰落としや、ポンプで水を掛けて灰流しの作業をいたさねばなりませんが、これにも大変な設備と労力が要ります。そして灰を落とした後で、またも無情な降灰……。そういうことが続いているのです。

　昭和四十九年二月、雪の降る日のことでした。先程まで餌を食べていた六歳の牝牛が突然白目を剝《む》き、手足をばたつかせてあお向けに倒れ、一時間後に息絶えたのです。この奇妙な牛の死に方に周囲の農家は少なからず不安感を抱いていましたが、実はこの年、灰の多く降る曽於郡だけでも八九頭の牛（大隅町一九頭、末吉町一五頭、輝北町六頭など）が、まるで水俣病のネコのように狂い死にしていたのでした。酪農家が恐怖におののき、震えあがったのは当然です。死因は、そのすさまじい死にかたから、おそらく火山灰土壌から来るグラステタニー様疾患と、硝酸塩中毒の合併症であろうと結論づけられました。

桑に付いていた灰を少しでも飲み込んだ蚕《かいこ》も凄惨な最期をみせるといいます。糸を吐かずに体液を吐き、体がみるみる縮んで全身褐色となり腐ったように死んでいくのです。特に被害のひどかった昭和四十九年の夏蚕《なつこ》では、始良《あいら》郡福山町牧之原台地を例にしても、養蚕農家の三分の一にあたる二五戸の蚕が全滅しました。桑とともに灰を食べた蚕の腸や胃壁には灰が付着し、そこがただれて傷がつき、褐色に変色していました。

降灰禍は人間の健康へも不安を与えます。その一つに桜島喘息《ぜんそく》があります。昭和五十（一九七五）年九月、地元保健所の検診で山林労働者の八人がレントゲン撮影により塵肺であることが発見され住民に大変大きなショックを与えたのでした。桜島火山灰はその大半がケイ酸でありますから珪肺の恐れもあるといいます。この病気は肺が固まってその機能を失う怖いもので、その上火山灰には微量の亜鉛、銅、鉛などの重金属や塩素、フッ素なども含みますから、これが長年の間に、体に蓄積されていくことを考えたら、住民が不安を抱くのは当然のことでありましょう。

「大規模な火山爆発の後には世界の平均気温が下がり、凶冷が起こりやすく、暖冬冷夏の傾向がある。その場合、爆発の影響は六月に最も著しく、地域的に異常低温が現われる」。以上の因果関係は昭和三十年、気象研究所予報研究室の一〇人のメンバーの執筆になる「火山爆発および水爆実験と気候異変」（『気象雑誌』一九五五年七月号）と題する推計学的に厳密に吟味された論文の要旨であります。このように火山の爆発と異常気象の関係は古くから論じられてきたことでありますが、この現象を引き起こす最も大きな要因は、爆発の際に噴き上げられるおびただしい量の火山灰によるものであります。この火山灰と異常気象に関する古い記録としては一八八三年、環太平洋火山帯のクラカトア島（ジャワ、スマトラ間のスンダ海峡にある火山島）の大爆発にみられ、多量の火山灰が高空で微粒子としてただよいましたために、太陽や月のカサとは全く異なった赤色がかった環（ビショップリングという光現象）が観測され、その後モンプレー山（西インド諸島マルティニック島にある火山。一九〇二年の大噴火で二万八〇〇〇人の死者を出した）、サンタ・マリア山（グァテマラ西部高原の中心地ケサルテナンゴの南にある火山）、コリマ（環太平洋火山帯・メキシコ）の噴火のあった一九〇二年、カトマイ（環太平洋火山帯・カナダ）の噴火のあった一九一一年にもこの環が現われて、いずれの場合にも日射量が二〇パーセント近くも減少したという報告が残されております（この両年とも日本では東北地方を中心に大凶作が起こっています）。

根本順吉氏による『異常気象を追って』[*26]では、このような火山の噴火と異常気象について極めて詳細に解説しており、中でも一九六三年冷夏の異常気象の原因をその一例として挙げています。すなわちその前年、日本では火山活動が異常なほど活発であり、一九六二年六月十二日焼岳の爆発、同六月二十九日十勝岳の大爆発、同八月二十四日には二十二年ぶりに三宅島が大爆発し、いずれもその噴煙は五〇〇〇メートルもの上空に達し、多量の灰を空中に噴出させたのであります。このような例は天明三（一七八三）年の浅間山大爆発と天明の大飢饉、前述一八八三年のクラカトア山、一九一一年のカトマイ山の噴火、一九六三年インドネシアのアグン山の噴火などによる地球の冷化と凶作など、相関実例が多いといわれております。

火山爆発と異常気象の最も新しい事実は、一九八〇年五月十八日、世紀の大爆発を起こしたアメリカのセントヘレンズ火山にみることができます。この爆発は一万八〇〇〇メートルの上空にまで火山灰を噴き上げ、その灰は北半球を厚いカーテンのように包み込み、その後時間の経過とともに浮遊している微粒状の灰は北極に近い高緯度の大気中に集まってゆっくりと移動しながらただよい続け、これが太陽の光を妨げて気温の低下をもたらしていたといわれました。その上、火山灰の中に多く含まれている硫酸の微粒子（〇・二ミクロン程度）が成層圏にとどまって太陽光線を散乱させているともいわれ、特に極地では太陽の光線が斜めから射すため日射量が少なくなることとなり、いっそう地球を冷やす原因になっているとする見方もありました。日本に於てもこの火山の爆発の影響か、この年の冷夏は例年になく深刻なもので、東北地方を中心とした稲作の大冷害は悲惨な状況でありましたし、「冷夏倒産」という言葉がつくられたほど夏のレジャー産業やその関連企業、清涼飲料業界などの不振も、世紀の大爆発と決して無関係ではなかったような感じがいたします。なお異常気象については火山灰説のほか太陽黒点説という有力な説もあります。

堆積した火山灰層は文化遺跡の研究に極めて重要な役割を果たしています。天明三年五月、鳴動を開始した浅間山は七月十六日と同二十八日に中規模の爆発を起こして江戸にも及ぶ降灰をみせた後、八月四日には流出した溶岩のために付近一帯に山火事が発生し、近在住民の恐怖は極に達しました。そして八月五日午前十時。あっという間に超大規模な火砕流が発生し、直後に熱雲の恐怖。山麓の鎌原村ではパニック状態となった村民が避難を開始し、村で一番高い観音堂の石段めがけてかけあがり、かろうじて九三人が助かったものの、他の村民は超高速度で追いかけてくる灼熱の溶岩流に一瞬のうちに呑み込まれたのでした。その数四六七人とも四七七人ともいわれています。この観音堂は現在も群馬県指定史跡として残っており、この堂に登る石段は当時一五〇段と伝えられていますが、何と今は地上から一五段だけが顔を出すという異様さで、それ以下の石段は大量の溶岩流や泥土石流の中に村全体とともに埋没したのでありました。一九八〇年になって、当時の状況を調べる発掘調査が大規模に行われましたところ、この埋もれた石段の発掘現場からは、大人が老人や子供と思われる人を背おったまま、まことに痛々しい姿で発掘され、その写真が新聞に掲載されました。多分必死に逃げてきて石段をかけ上ったのでありましょうが、肉親を背おっての石段はあまりにも厳しく、急追する土砂に埋まってしまったのでした。さぞ無念でありましたろう。

このように火山溶岩層や火山灰層は当時の状況を今に物語ってくれる重要な実証伝達の一つでありますが、これを利用して年代学を追究する「火山灰層位学」は、考古学上、大変に重要な学問なのであります。例えば関東ロームなど日本各地でロームと呼ばれている赤土層は、その大部分が洪積世中、後期に形成された風化火山灰土で、この中には軽石やスコリヤの単層から成る火山灰層が整然と堆積していて、最も信頼のおける年代指示者としての役割を果たしています。この火山灰層位学が考古学上クローズアップされたのは、関東ロームの研究グループが戦後の岩宿遺跡の発掘などに於いて、ローム層を層位学的方向から研究を進め、人類の足跡をこの層の中から詳しく知る術を確立したからであります。

さて tephra（テフラ）という言葉はギリシャ語の「灰」の意味ですが、火山灰層考古学上では「火山灰降下物」の意味に使われます。このテフラの持つ特徴を活用して、「tephrochronology」（テフロクロノロジー）、すなわち「火山灰編年学」と呼ばれる研究も発展し、例えばテフラを同定することにより、その層位から年代や文化層を知ることもできますし、層相から風化度や降下ユニットなども知ることができます。またそこに存在する岩石や鉱物の種類で噴火の場所や当時の噴火温度、噴火の規模までも推定することが可能であるといわれております。

日本の火山灰土中に介在するテフラ層は、火山王国を象徴するように全国各地に多数点在しており、現在まで知られている第四紀後期の主な広域テフラの分布だけでもアカホヤ火山灰、姶良《あいら》Tn火山灰、幸屋火砕流、摩周火砕流、八戸火砕流、鹿沼軽石、東京軽石、大隅降下軽石、大山倉吉軽石、阿蘇火砕流など多数にのぼります。中でもアカホヤ火山灰と姶良Tn火山灰は日本列島の大半をおおう広範囲な規模を持っており、これを除くと大半は軽石層であります。これらの広域テフラと文化層とのかかわりについては、これまで幾つかの証例がみられ、例えば姶良火山灰と旧石器文化層との関係では、日本旧石器第一号である岩宿遺跡を包含する暗色帯層の最上部に姶良火山灰の降下面を認めることができます。またアカホヤ火山灰と古代文化層との例では、関東や南九州などで出土され縄文前期とされる曽畑式土器や塞の神A式土器、縄文中期以降とされる土器などがこの灰層の中から出土されています。そして各地方の同じ火山灰層から出土された遺品を比較することにより、ほぼ同時代における文化様式の程度や文化の進展度、文化伝達の方向などを明確に把握することができるのであります。

以上、火山灰と考古学について能登健氏、新井房夫氏らの解説[*27]をもとに述べてきましたが、今後全国の各遺跡の発掘によって、我々祖先が歩んできたとてつもなく長い文化史跡が、火山灰を通してさらに詳しく知ることができることは、貴重な発見にもつながるものと存じます。

火山と「灰の宝石」

火山はとてつもなくおびただしい量の岩石や鉱物を地殻のはるかかなたから勢いよく噴出してくる現象でありますが、それらの噴出物の中には時として妖しげに光る美しい石が含まれることもあります。安山岩の中に多量の貴ザクロ石が混じっていたり、実にきれいな灰長石が火山岩の班晶として見つけられたり、変成岩に灰石柱が含まれたりする例です。

さて灰色は色彩的には華麗な美しさを感じさせるものではありませんが、「灰」の字の付く岩石や鉱石にはそのイメージとは反対に美しく輝くものが多いので、二、三ご紹介いたしましょう。

ザクロ石は別名ガーネット（garnet）の名で親しまれる赤や赤紫色、まれに緑、黄色を帯びて輝くケイ酸塩の鉱物であります。硬度（モースの方法を用いて鉱物の硬さを表わす単位で、最もやわらかい鉱物である骨石を一度、最も硬いダイヤモンドを十度として、硬さを十段階に分けてランクしています）六・五から七・五、比重三・四から四・三、屈折率一・七から一・九のこの鉱物は、ケイ酸 SiO_4 にマグネシュウム、マンガン、カルシュウム、アルミニュウム、クロムなどが結合しあった安定な化合物であります。このザクロ石には紅ザクロ石、貴ザクロ石、マンガンザクロ石、緑ザクロ石、チタンザクロ石、灰鉄ザクロ石、灰クロムザクロ石があり、当然、ザクロ石の種類により色や構成する成分は異なり、例えば紅ザクロ石はケイ酸にマグネシュウムとアルミニュウムが結合した $Mg_3Al_2(SiO_4)_3$ であり、貴ザクロ石は鉄とアルミニュウムのケイ酸塩 $Fe_3Al_2(SiO_4)_3$ を主成分とする石であります。さて灰鉄ザクロ石は、カルシュウムと鉄のケイ酸塩 $Ca_3Fe_2(SiO_4)_3$ で、これは花崗岩を伴った石灰岩質であるスカルン鉱物中に多くを産出するもので、我が国においては岩手県釜石鉱山のスカルン鉱からの採出が有名であります。一方灰クロムザクロ石はカルシュウムとクロムとのケイ酸塩 $Ca_3Cr(SiO_4)_3$ で、蛇紋岩中に特有にみられ、埼玉県秩父地方にその産地をみます。

灰色ないし白色、時には赤みを帯びる灰長石は日本各地にその産地がありますが、特に我が国のものは結晶が見事であるために世界的に著名であります。この石は斜長石の一種で、カルシュウムとアルミニュウムとのケイ酸塩 $CaAl_2Si_2O_8$ を主成分とし、ほかにナトリウムやカリウムとのケイ酸塩 $NaAlSi_3O_8$, $KAlSi_3O_8$ をそれぞれ一〇パーセント、四パーセント程度含む硬度六、比重二・七から二・八の石で、主として火山岩の斑晶（火山の噴出岩や半深成岩において特に大きく成長した鉱物粒のことです）に見られ、北海道小樽市、栃木県足尾町などが特に有名であります。この灰長石が火山噴火の際、遊離して結晶状に放出された例も伊豆三宅島、北海道樽前山にみられます。

灰重石はタングステンを主として、これに酸化カルシュウムが結合した $CaO·WO_3$ を主成分に持つ硬度四・五から五・〇、比重五・九から六・一、正方晶系の鉱物であります。色は白や淡黄でありますが、透明ないし半透明で褐色、緑色、赤色を帯びペグマタイト鉱床（花崗岩質の岩石や、その周りの変性岩中に産する巨晶花崗岩）などに存在します。電気の良導体として有名なタングステンの原料石でもありますので、需要も多く、京都の大谷鉱山、山口県玖珂《くが》鉱山、兵庫県明延鉱山など有名であり、国内の生産だけでは間にあわず、多くは中国、ポルトガル、ボリビア、アメリカなどから輸入しています。

灰珪石は変成岩に存在し、$CaCO_3 \cdot 3CaAl_2Si_2O_8$ を主成分として、ガラス光沢を呈する白ないし灰色の鉱石で、光の具合いでは青や緑を帯びるものであります。

灰ウラン雲母はカルシュウム、リン、ウランから成る Ca $(UO_2)_2$ $(PO_4)_2 \cdot 10H_2O$ の、正方晶系、硬度二から二・五、比重三・一四の鉱物で、黄色や黄緑色を呈し、主にペグマタイト鉱床にみることができ、福岡県石川町地方に多く産出します。

なお火山岩石とは全く関係のない話ですが、数種の金属が混合している時、これを分離させる方法に「灰吹法《はいふき》」というのがございます。例えば金、銀、鉛の合金を酸化炎中で溶解し、まず鉛を酸化させて灰吹き皿に吸収させ、次に金と銀とを分離させる手法で、鉱石中の金、銀の分離や定量、回収に利用されるものであります。この灰吹き皿は、直径および高さ一・二五インチの円柱状の皿で、骨灰とポルトランドセメントおよびマグネシア粉の混合物でつくられております。これに、金、銀、鉛などの合金を載せ、加熱炉で酸化炎下、八〇〇～八五〇度Cで加熱溶解するとき、まず鉛は酸化鉛となって灰吹き皿に吸収されて金と銀が残ります。次に銀は硝酸を加えることにより硝酸銀となって分別できますから、こうして三者が容易に分離できるものであります。今の電気分解法が発明される前の重要な手法がこの灰吹法でありました。

火山灰土壌とワイン

アダムから十代目の子孫ノアが箱舟をつくり、自分の一族と動植物の原種だけをのせて大洪水をのがれたことは聖書にでてくる有名な話であります。この時、神はノアにぶどうの栽培法とぶどう酒の造り方を教えたとされ、ギリシャの神話でも神ディオニュソス（バッカス）が叔母の女神からやはりぶどうの栽培とぶどう酒造りを教わったとあります。実際古代エジプトの第十八王朝シェイク・アブドウル・グルナのナクト墳墓の壁面にはぶどうの栽培から収穫、仕込み、搾《しぼ》りの様子が描かれており、紀元前五〇〇〇年にはすでにぶどう酒が造られていたことは定説で、ぶどう酒は人類が造った最初の酒であります。その後数千年の間にぶどう果実の品種改良や発酵技術の進歩などの長い歴史を通りぬけて口当たりのよいぶどう酒が今日、私達のテーブルにおさまっているわけであります。

さてぶどう酒造りには、これまで述べてきた清酒などのように木灰を使用するという場面は長い歴史の中の多くの文献に全くみることができません。その理由は、ぶどう酒は清酒などに比べて比較にならないほど多量の酸を含んでいるため、仕込みの時からかなり水素イオン指数（pH）が低く、ある程度高い温度で発酵させても安全である上、酸味をぶどう酒の一大特徴としていることで、清酒にみられる直し灰のように中和による除酸は行われないためであります。

　ただしドイツ、オーストリア、スイス、イタリアなどで一部の山岳地帯のぶどう酒のように、原料果汁に多量の酸があるような場合には、醸された酒は当然酸味を強く持ちますから除酸の必要があります。ところがうまいことに、これらのワインの主たる酸は酸性の酒石酸カリウム塩として存在し、この化合物は品温の低下とともに沈澱する性質がありますから、低温で貯蔵しているうちに、いわゆる酒石として析出沈澱してしまいますので簡単に除酸ができるわけです。また酒石酸とならぶ主要な酸の一つ、リンゴ酸による酸味については、乳酸菌の一種を用いて、マロラクチック発酵という方法でこのぶどう酒を再度発酵処理することにより、リンゴ酸を酸味の弱い乳酸に変換することも行っていますので、中和などの必要はあまりないのです。ただし原料果汁にあまり多くの酸がある場合には、発酵開始前に炭酸カルシュウムを加えて中和した後発酵させることがまれにみられます。またぶどう酒は果汁を直接発酵させるものでありますから、灰を欲しがる麴菌の使用など当然ないわけで、ぶどう酒醸造における灰の使用はあまり見当たらないと申してよいでしょう。

　しかしまったく灰という字が無関係かというとそうではなく、ぶどう酒の原料となるぶどう果実には火山灰土壌が重要な意味を持つことがあります。ぶどうの品種にもよりますが、火山灰土壌におけるぶどう樹の生育は枝梢の伸長が旺盛で、樹冠拡大が早く、腐植含量が多い土壌のために含空気孔隙も多く根群の発達にも好適であること、さらにこの灰山土壌の化学性からリン酸吸収力が強く、生育に良好な影響をもつといわれています。

反面、腐植含有量が多すぎると窒素の肥効がいつまでもつづくために枝梢の伸長が旺盛すぎて節間が長く、その結果果実の糖分含量が少なくなったり、着色が不良になることもあるといわれるから、適度に肥えた火山灰地が理想ということなのです。甲州やマスカットのような品種では、火山灰地がいたずらにカリ吸収を多くして、リン酸供給との間に不均衡を生み、結果として枝の伸長と果実の発育及び糖分含有量関係につりあいのとれぬ状態を招来するなどがその例でありますが、反対にカリ吸収力の弱いデラウェアやマスカット・ベーリーAなどは火山灰土壌に良く適するといわれます。

ところで火山灰土壌で醸されたぶどう酒として世界的に有名なのは、モロッコの西、大西洋のまん中にあるポルトガル領マデイラ島醸出のマデイラワインであります。この島の中央部には火山帯が走っており、以前大爆発が起こりましたが、この時の火山灰はこの島全体をおおって完全な火山灰土壌を形成してしまったといわれております。

また一説には一四一八年イギリスの探検家ザルコがこの島に上陸、うっそうと樹木におおわれたこの島をみて「樹木の島」（マデイラ）と名づけましたが、あまりにも繁茂した樹林のために開拓しようにすべもなく、最後の手段としてついに島に火をはなって焼き払うことにいたしました。

火は約七年間も燃え続けて灰土と化し、その上数世紀もの間少しずつ積もった火山灰と相まって、理想的状態の腐植火山灰土壌が出来上り大変に肥えた土地になったともいわれています。この島にはその後ポルトガル、スペイン、オランダ、イタリアなどから続々入植者が入り、砂糖きびやぶどうの栽培を行いましたが、ここの気候がまた実にぶどうの栽培に適した亜熱帯特有の風土でありましたことから、よりうまい原料ぶどうがとれ、当然すばらしいワインの誕生となったのでした。そして大西洋を往来する船には欠くことのできぬ名物ワインとなり、灰の台地のマデイラワインは世界中に知れるものとなったのです。

死の灰

第五福竜丸遭難

一九五四（昭和二十九）年三月一日、アメリカ原子力委員会（USAEC）は北太平洋マーシャル諸島、ビキニ・エニウェトク環礁の岩上に立てられた地上五〇メートルの鉄塔の上で、巨大な核爆弾を爆破させました。ブラボーと名付けられたこの爆弾は、人間の力ではとうてい作り得ようもない、何か超大型の自然現象による巨大破壊のようなすさまじさで大爆発したのでした。その直後、珊瑚礁のこの島に直径五〇〇メートル、深さ数百メートルもの大穴がぽっかりと口を開いたのでした。この時の爆発力はTNT火薬（トリニトロトルエン C_6H_2（CH_3）（NO_2）$_3$ の略で軍用爆薬として最も広く用いられています）にして約一五〇〇万トン（一五メガトン）から二三〇〇万トンの規模といわれ、広島、長崎に投下された原爆二万トン（〇・〇二メガトン）の実に七五〇から一一五〇倍の威力でありました。

そしてこの一連の実験はその後五月十三日までしばしば続けられたのです。さて三月一日の実験、正確に言えばその日の午前四時、その現場から東方一六〇キロ付近に静岡県焼津のマグロはえなわ漁船第五福竜丸（ディーゼルエンジン二五〇馬力、九九トン、乗組員筒井久吉船長以下二三人）は、ちょうどはえなわ漁のための操業準備の最中でありました。この位置はアメリカ原子力委員会があらかじめ指定していた航行禁止区域内から三〇キロ以上も東に離れていましたので、乗組員達は安心して操業していたのです。ところが、西方に異常な光が瞬時に現われて、その後七、八分後に鈍い爆発音が海上にとどろいたと思ったら、それまでよく晴れていた朝焼けの空が急に曇り出し、午前六時半ごろには白い粉末の灰が雪の降るように断続的に船上に降りそそいできました。白い粉で甲板はまっ白となり、靴の跡が残るほどでありました（この灰の量は甲板一平方メートル当り〇・五から五グラム量と推測されました）。この異常ずくめの現象に、乗組員らはビキニ環礁での核実験に遭遇したことに気づき、午前十時にははえなわ漁を中止して、同十時三十分現場から避難しましたが、白い灰は船を追いかけるように降り続け、午後零時三十分ごろ、やっと灰の降る地域から脱出することができたのです。以上は第五福竜丸が死の灰に遭遇した状況を、三宅泰雄博士の『死の灰と闘う科学者』*28をもとに述べました。さらに話を進めましょう。第五福竜丸は直ちに焼津に急行しましたが、その間、船中の乗組員達は頭痛、吐き気をうったえ、頭髪をひっぱるとすぐ抜ける人や、灰がふれた皮膚は赤く腫れ、かゆみを覚えた人などさまざまな症状があらわれました。

　そして三月十四日、焼津に入港した時には多くが異様に黒ずんだ顔となり、直ちに病院の診療を受けたところ、医師は広島、長崎での被災者の原爆症に酷似しているとして東京大学医学部へ紹介。翌日、同大付属病院で清水健太郎博士の診断を受け、事の重大さは翌朝の新聞のスクープ記事として世界的な大ニュースとなって報道されたのでありました。

　この時の灰がいかに強い放射能であったかは船員の頭に向けられたガイガーカウンターのけたたましく大きな音や、第五福竜丸から五〇メートルも離れたところでも「ガーガー」と鳴る音からも判断できました。さてこの事件は同時に一般市民への大きな社会不安をも引き起こしていました。というのはまだ何も知らずに、そしてその鮮度を競うがために第五福竜丸のマグロは三月十四日、焼津のセリにかけられ、東京、大阪、金沢などの市場へと出荷されてしまっていたのです。これらの地域では直ちに放射能汚染のマグロを回収すべく全力を挙げ、金沢では焼津からのマグロ六匹に強い放射能反応があらわれ回収しました。そして被爆してわずか半年後の一九五四年九月二十三日、乗組員の一人久保山愛吉さんは放射能によって骨髄組織が冒される「はん骨髄ろう」により、その生涯を閉じたのでした。アメリカ政府は乗組員二三人全員に対して翌年一月にようやく漁業に対する損害を含め二〇〇万ドル（当時の邦貨で約七億円）の補償金を支払うことを決めたのでした。

　この死の灰は原水爆実験によって大気中にばらまかれる放射性の塵《ちり》または放射性降下物で、その大部分は核分裂による生成物であります。第五福竜丸の死の灰も、東京大学を中心とした研究機関で直ちに分析が開始され、実に二七種の放射性物質が検出されたのでした。これらはストロンチュウム90、セシウム137などの核分裂物質が主で、ほかにイオウ35、カルシュウム45、ウラン237、プルトニュウム239なども混存していました。これらの放射性物質はその半減期（放射性物質は、いろいろな放射線を出して他の物質に変化していきますが、一定量の放射性原子核がはじめの量のちょうど半分に減るまでに要する時間をいいます）は大変に長く、例えばストロンチュウムは実に二八年の半減期をもちます。したがって一度被爆すると数十年にわたって放射能が体から離れず、ストロンチュウム90の場合には体内に入ると主に骨に付着して排泄されず、組織や血液を破壊して死を招くこともあり、久保山愛吉さんの死もこのためだったのです。

　さてビキニ環礁において第五福竜丸に雷のように降り注いだ灰はいったい何だったのでしょうか。分析の結果、この主成分は水酸化カルシュウムと炭酸カルシュウムの混合物で、若干のマグネシュウムが含まれたものでした。この分析結果から珊瑚礁岩の主成分である炭酸カルシュウムが、爆発時の超エネルギーのために一部分が微細に分解されて酸化カルシュウムとなり、これが海水を含んで水酸化カルシュウムになったとみられ、白い死の降灰は珊瑚礁に由来する礁岩であることがわかりました。そしてまさに驚くべきことにこの大惨事は、一グラムの二五〇〇万分の一の量にすぎない超極微量の核分裂物質が引き起こした大惨事だったのです。この第五福竜丸の不幸な事件をきっかけに、世界的な波で原水爆禁止の平和運動が展開され、また日本学術会議や日米科学者会議、日米放射能会議など主に学者を中心として積極的な原子力平和利用に関する会議が開かれるようになり、人類の平和と発展のために久保山愛吉さんの死と三宅泰雄博士らの尽力はまことに尊いものとなったのであります。

Ⅵ　灰と高貴

菱灰

茶道・香道と木灰

茶道の歴史

茶はツバキ科の常緑植物で、インドから中国雲南省にわたる山系が原産地とされます。したがって喫茶の起源は中国にあるといわれ、中国の古い本、例えば三世紀半ばの『広雅』には喫茶の方法が具体的に記述されています。それによると当時、湖北と四川の間の地方では茶の葉を固めた磚茶《たんちゃ》を砕いてこれを茶わんに入れ、玉葱《ねぎ》、生姜《しょうが》、橙《だいだい》などを加えて飲んだということです。その当時はまだ「茶」という字はなく、「苦」とか「茗」という字が当てられていたようでして、茶を飲んで楽しむというより、むしろ腫《は》れものの治療や解熱、眠気醒まし、心身強壮など主として医薬用に使われていたようであります。その後、仏教界で酒は五戒の一つとして戒められたこともあり、飲酒に代って喫茶が奨励されることとなって一段と普及していったのであります。

日本では仏教の伝来とともに喫茶の習慣がみられますが、これは遣唐使や留学僧らが中国から茶の実を持ちこんできて、これを寺院やその境内に植えたものがはじまりであるといわれています。史書に書かれた最初の茶は、桓武天皇の時代に伝教大師最澄が唐から茶の苗木を携えてきて、近江の国坂本に植えたもので、その後すぐに、弘法大師も帰朝の折に持ち帰り、肥前長崎に植えたとも伝えられています。しかし当時、茶を用いたのは上級階級や僧だけであって、その使い方も薬理効果を期待してのものでありました。

喫茶の風習が一般人にまで広がったのは鎌倉時代からで、特に禅宗と結びついた武家階級が、茶を精神修養の手段としてとり入れたことがそのきっかけとなったものとみられています。ことにこの時代の初期には、瀬戸焼きなどの陶器も発達してきましたので、茶の普及は著しくはやい速度で伝えられ、しばらくしてからは日常生活の嗜好物として一般民衆でも手軽に用いられるようになり、茶を飲むことに一種の遊戯的気分も加わってますます広がっていったのであります。そして鎌倉末期、後醍醐天皇の建武年間（一三三四〜一三三六年）の『太平記』には武家階級の間に「百服茶」「五十服茶」などという一種の賭けのような遊びが流行したことを伝えています。*29

この遊戯的な喫茶法はその後次第に心の統一、精神の修養という一種の哲学性を伴なう作法へとも進んで参りました。

一方、禅門では天龍寺の夢窓国師が茶礼をはじめて行ったと伝えられ、また室町中期の文明十五（一四八三）年には足利義政が、京都東山に慈照寺を営んで同仁斎と称する四畳半の茶室を築き、村田珠光、真阿弥、相阿弥らに計らせて茶礼を禅門の流儀から分離させ、別に新しい茶礼の方式を判定させました。今の茶道の方式はこの時できたものとされ、さらに室町時代末には、新興の堺やその他の都市で町人階級によって、武士階級に対する反発的気分を茶道に消極的に現わした茶礼も起こり、ますます大衆の間へも浸透していったのでございます。

ところで茶道にも木灰は実に重要な役割をにないます。風炉《ふろ》に灰は不可欠でありますし、灰の仕方も作法の一つであり、客は灰の仕方、下火の継ぎ様を「お風炉拝見」と挨拶して拝見するのを礼儀の一つともいたします。したがって茶道では木灰に対しては厳かに扱い、そして緻密に神経を使います。そのため灰を扱うための灰器や灰匙などは茶道具を構成する不可欠の道具となっているのです。

風炉灰器と木灰

風炉は茶道における中心的道具であります。釜の湯をわかすための火鉢でありまするが、単に湯を沸かすという目的や意味ばかりではありませんで、その形や色は茶室の調和をはかり、茶道の精神である「和敬清寂」を養う重要な役割をも果たすものであります。この風炉には、土風炉と金風炉とがあって、前者には真磨《しんみがき》、陶器が、後者には鉄風炉、唐金《からかね》風炉などがあります。

さて風炉に入れる木灰は、灰の一様の鈍色、何ともいえぬきめの細かさ、そして滑《なめ》らかさなどを静かにかね備えたもので、むしろ風格を持ち、美しいと表現できるものが必要でありますから、これの調製には時間と手間と心とをかけるのであります。まず生木灰を細かい篩《ふるい》で通し、砂利や小石などを分けました後、これを水の入った桶の類に入れてよく攪拌し、浮き上った小さい屑や塵埃を上水とともにすくいとって捨て、さらに水を加えて攪拌し、別の容器に移して静置すると、砂などは一番底に沈みます故、これを除きます。次に灰の部分を蓆《むしろ》の上にあけ、これに丁子《ちょうじ》（香木の一種）または番茶の煮出し汁などをかけては日光で乾かし、これを数回繰り返しますときめの細かい灰となります。さらにこれを絹篩でふるって壺の中に入れ、密封して暗所に貯え使用いたすのです。さらさらと乾きったものは良くなく、少し湿っていてポットリとしたものを良しとします。[*29]

このようにして得られた灰を風炉に入れるには、その流儀や、目的とする灰の姿によって方法も変って参ります。まず高低などの調和を考えながら灰を入れ、次に丸形と笹葉形の灰匙（金属の部分は金製、銀製などがありますが、柄の方は竹の皮巻きであります）で灰を風炉の中央に盛り、布巾で縁側や内側についている灰を拭き落し、灰はなるべく軽くおさえて匙跡が残らぬようにいたします。そしてこの盛り灰で二文字灰や遠山灰、丸灰などをつくるのです。二文字灰とは土風炉にする灰の名称で、五徳の向こう側と手前の爪の筋へ横二文字に灰を盛り上げたもの、遠山灰は利久好みや道安好みなどの風炉にする灰で、向こう側に山を一つつくるのを一つ山、二つつくるのを二つ山などといたしたもので、これが出来上ると次に撒灰《まきばい》をいたします。この仕方は灰器（撒灰を入れておく釉の掛かったやきもので炮烙《ほうろく》ともいいます）に入れてある藤灰又は線香灰を、灰匙の裏で幾度もならして平にしておき、その表面を灰匙で薄く削るようにしてすくいとりますと、自然に皺《しわ》になって匙に溜まります。これを盛り上げた灰の山に、ちょうど淡雪が降ったように撒くのです。遠山灰に撒灰する形は、利久が有馬の山に淡雪がうっすらと積ったのをみて考案したものといわれ、その山を灰形山と称しましたが、この灰形山は有馬温泉の南側に位置する海抜六二四メートルの山として実存いたします。丸灰は金風炉、ことに唐金の切掛風炉のときにする灰で、五徳の周囲に丸く灰を盛り上げて形づくるものでありますが、この灰の場合には撒灰はしないことになっております。

茶道の発展はまたそこに使用する道具の改良や高級化へと通じます。木炭の場合も例外ではなくて、炭の色や艶、形が吟味されるようになり、ひいてはこれが日本の木炭を優れ

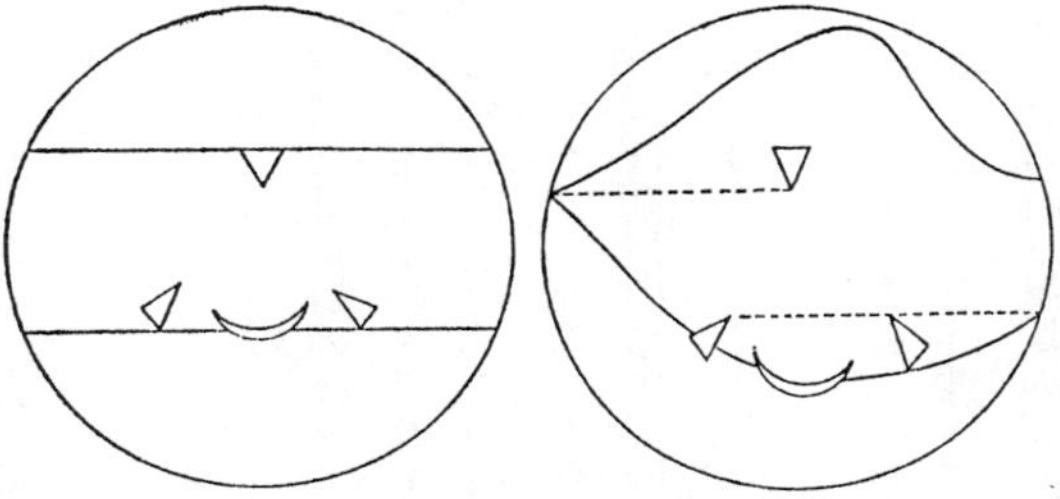

風炉の灰（『茶道入門』より）

たものへと改良する大きな要因の一つともなって参りました。例えば従来、堅炭《かたずみ》の切り口が菊花形であるものを菊炭と呼んで重宝しましたが、茶道の発展とともにそれが緊密で均質な炭へと改良されましたし、炭と同様に灰もまた色や質が改良されながら炭との色の調和を「美」として賞翫することになり、茶道において灰を語ることは、同時に炭をも併せて吟味することにもなったのであります。

茶道の炭には池田炭を良しといたします。寸法は風炉炭で胴炭、管炭一二センチメートル、輪炭四センチメートル、毬打《ぎっちょう》、点炭六センチメートル、枝炭一五センチメートルなどといったように、炭の種類によって大きさを整えます。池田炭は『和漢茶誌』によりますと、「木国槭作《かいさく》、多く摂州、丹州の諸山に出づ。摂州に生ずるものはその勢い強く、その香長し」とあって、その質の良さが昔から語られてきました。またこの池田炭には『茶窓聞話』に、池田炭といえども池田で焼くにあらず。摂津多田の庄一倉という所にて焼き、池田に出し、池田より諸方へ送る故、池田炭という。本名は一倉炭なり。昔より茶道には是を最上とす。

とあります。おそらく池田炭とは池田付近一帯で焼かれた炭の総称でありましょうが、[*30]その原料には良質の櫟《くぬぎ》を使っております。また摂津に近い和泉国には横山炭がありますが、これも茶道用の炭として著名で普通の茶会用の黒炭のほかに、やはり茶会に用いる白炭《しらずみ》も作っていました。この白炭とは、黒炭を木灰で白くしたもので、『和漢三才図会』に、

白炭は泉州の横山、同じく泉州の槙尾《まきお》山中これを出す。山茶の枝を焼きて、再焼きして赤らめ、灰中に埋め、則《すなわ》ち白色とする、茶会の用と為る。

とあります。ところで風炉における炭の置き方は、利久の『茶の湯七則』に「炭は湯のわくように」とだけ書いてありますように、決まった置き方はないらしいのです。ただ、炭を入れる時、風炉の灰を三日月形に少しすくい取るのですが、これは灰の陽に対して月の陰を切る、すなわち陰陽を象徴するものであるということであります。[*29]

香道と木灰

一定の作法のもとに香木を焚《た》き、匂いの上で文学的雰囲気を楽しむのが香道です。日本に香木草や合香が伝えられたのは仏教伝来とともでありますから、大変に歴史が古いのです。香は六世紀ごろまでは仏前を潔《きよ》める材料としての供香《そなえこう》に用いられましたが、八世紀ごろには宮廷人や文人らがこれを実用面にも使うようになり、部屋に焚きこめたり、着物に焚きこめるなどの方法で楽しむようになりました。これがしだいに広まっていって、匂いを高尚優雅な遊びの対象として育てていったのです。はじめは部屋に焚いて香りを楽しむ空薫物《そらだきもの》（薫物《たきもの》とは沈香《じんこう》、白檀《びゃくだん》などの香木植物を細片したもののことです）だけでありましたが、しだいにこれだけでは満足できなくなり薫物合せ《たきものあわせ》（数種の薫物の優劣を判定したり、匂いを当てたりする）のような遊戯的なものへと発展したのでした。この薫物合せには、練香《ねりこう》と称して香木の粉末に動物性の香料などを加え、蜜で練ったものが主として使われ、はじめは匂いあてを楽しむ遊びでありましたのが、その後次々と幾種かの雅趣に富んだ遊びが考案されていきました。例えば種々の薫物の匂いを「天」、「月」などの天体銘や「法隆寺」、「東大寺」などの寺社銘、「玄宗」や「楊貴妃」などの人物銘、「山桜」、「白梅」のような草木銘、「猫」、「雉子《きじ》」などの動物銘、「須磨」や「荒れたる宿」などの文学銘に命名し、歌合わせや連歌などと一脈通じさせた高尚な遊びを考え出したのです。そしてこの遊びを通じて優雅で幽玄な世界へと導く方法や、流儀を決めながらしだいに香道としての確立を見るに至るのでありました。

香道の最盛期は元禄年間で、公家や大名、商人まで幅広い層で楽しまれましたが、香木は値の高いものでありますことや、その入手が思いのままにならぬこと、さらに優雅で文学的雰囲気が時代の流れとともに結びつかなくなったこと、これに反して茶道や華道が手近なものとして広まっていったことも重なりまして、元禄をすぎると再び、限られた人達だけのものに戻ってしまったのです。しかしそれから数百年後の今日でも、三条西実隆を始祖とし、香と文学の関係を重んじる御家流（公家流）と、作法に重点を置く志野流（武家流）の二つの流儀が、細くもその命脈を保って伝えられておりますことは、忘れられつつある数多い日本文化のなかで、谷間に咲いている一輪の花のように力強く感じて嬉しいことであります。

さて香道における作法は茶道との類似性が多く、香会の順序を武家流にみるとおおよそ次のようであります。まず最初は香棚の飾りつけからはじめられ、このとき香会に使う二つの香炉にまず下火が入れられます。次に入席。香元（主人）は客を案内し、客は順次香棚の飾りつけなど見て、これを称《たた》え着座いたします。いよいよ香会のはじまりでございます。

香元は香元座前で「はじめます」と挨拶し、次に道具開きを行います。道具開きとは、香元が覧箱の中の道具を敷紙の上に飾りつけるもので、これから香会に使ういろいろな小道具が見事に披露されていきます。次に香元は、袱紗《ふくさ》で火道具（灰押《はいおし》、香匙《こうすくい》、琅葉鋏《ぎんようばさみ》、火筋《こじ》、羽箒《はねぼうき》、香筋《きょうじ》、鶯《うぐいす》）を順次拭いて並べますが、このとき執事（記録係）は火取香炉に火を入れて運んで参りますから香元はこれを受取り、香炉の下火を入れかえて、その火加減を上客にうかがいます。上客は次客と相談した上で香炉を戻し、火加減について「結構なものです」と挨拶します。

香時計（灰時計）／灰の上に一定の型に香を置き、一端から火をつけて、どれだけ燃えたから今何時だ、と香が燃えて残った灰の長短から時間を計った。香を焚きながら時間を知るという風流な時計である。上部の井桁蓋をとりはずして香を押し形でできた溝の中に置く。下の引出しには香や押し形、灰櫛、灰匙などを収めておく。（横浜市大野家所蔵）

ここから灰拵《はいごしらえ》に移ります。これは香元が第一の香炉に「真の灰の箸目」を付けることで、上客は所望して香炉をみます。この間に香元は第二の香炉に「略式の箸目」をつけます。そして香炉は上客から順次客にまわって香元に戻り、上客は代表して「御箸目御見事です」と称賛の言葉を述べます。次に香札《こうふだ》を盆とともに上客の前に出し、客はそれを記録と見合わせて札を小筥《こばこ》（竹製の丸い小箱）ごととり、自分の香巾《こうきん》の上にのせて次客に渡し、順次下座まで回します。

次に炷香《しゅこう》手前となります。香元は香炉をとり、琅葉《ぎんよう》（雲母の小さな薄い板で、これを灰の上にのせ、そこに香を置くことにより直接火が香に当たらぬようにしたものです）を灰の上に置き、火加減をみてから「焚きはじめます」と挨拶し、香の包みを開き香筋（香をとり扱うための木製の箸）を使って、香を琅葉の上にのせます。以下一の香、二の香、試香一、試香二などというように香元は説明しながら上客に渡し、客は香炉を左の掌にのせ、右手の親指と人差し指で輪をつくるようにして香炉のふちをおおい、静かに鼻から香りを吸い、三回これを繰り返します。

そして本香焚きに移りますが、これも試香と同様に行われ、最後の香炉が戻ると香元は終りの挨拶をし、香札を集め、ここで執事が結果を記録するのです。そして香元は、本香焚きでの薫物の香木は何であったかなど正解を読み上げます。最後に香元は道具を順次に納め、香棚にもとのように飾りつけ「香、満ちました」と挨拶して退くのであります。

香会に用いる灰は菱《ひし》の実の殻を焼いてつくった菱灰が良いとされ、その多くは駿河で製せられていました。江戸時代の『駿河雑誌』には、駿河炭と菱灰を次のように説明しています。[*30]

安倍郡府中あり。是日用とする処の炭也。当郡松野村、油山村、水見色村、大原村或いは足久保村より出づ。一俵の目方三貫三百目或いは二貫八百目計。其の値《あたい》銀一匁壱弐分也。駿河国絵図に云う、府中御城本丸御用炭は竜爪山より焼出す。又菊炭という炭あり。水見色村より出づ。炭の小口《こぐち》菊の花に似たり。故に此名あり云々。又菱灰という灰あり。是当郡浅畑池に於て取る処の菱の殻を焼いて製《つく》るもの也。多く香の灰に用ゆ云々。

以上のように茶道、香道における灰 拵《はいごしらえ》などを例にしても灰はただ灰や火をいけるという物理的な用途だけではなく、観賞されて、芸術性として室内の雰囲気をつくり、秩序の間をつくる重要な精神的役割を持つものなのであります。

習俗・宗教と灰

習俗と灰

人類がはじめて火の使用を知ってから、常に人間の身近なところに灰があり、我々の祖先はこれを何らかの形で利用してきました。これまでに述べてきましたように肥料やアク抜き剤、中和剤、洗剤、殺菌剤、やきものの釉《うわぐすり》、製紙など灰の用途はまことに多様で、人間の生活と密接なかかわりあいを続けてきました。しかし灰は、このような実用的な役割のほかに宗教や風俗のような社会習俗の場にもしばしば登場し、その例は日本を含む東洋、西欧、アフリカからニューギニアやボルネオに至る全世界的範囲でみられるものであります。そこには灰が神秘な力をもつものであるとする信仰や、灰を呪《まじな》いや占いに使う風習、そして解熱やリュウマチ、胃痛の治療など民間治療薬として崇《あが》める例など大変に多彩であるのです。

日本では灰を農業の下肥《したごえ》とともに肥料として使っていましたためか、神事には汚れとして忌《い》む風習もありましたが、一方では小正月や他の火祭りに悪除けや病気除けの呪いに使ったり、また船で亡霊に出会った時には舟から灰を撒《ま》くとそのものの怪が離れるなどというい伝えも残っていました。さらに占いとしても古くから使われてきて、例えば一月十四日の小正月の前夜を花正月といって、そこで「月占い」という囲炉裏の灰を使った占いが行われたところもありました。祝榾《ほだ》（火留めなどに使う木のことです）が赤々と燃え上ってから、主人は横座（主人の座）の前の灰をきれいに掻きならし、そこへ栗とか胡桃《くるみ》、小豆《あずき》などを月の数だけ並べて灰をうすくかけて焼きます。そしてそのまま灰になったものはその月は晴れが続き、黒いまま残るようなものはその月は雨が多く、はじけたり吹くような時は風があるというように占うもので、この占いの結果をみて農作業や冠婚葬祭など一年の計画を立てることもあったのです。また『八雲御抄』にも占卜《せんぼく》の一つとして灰を用いた占い（灰占い）があったと記述されています。

外国においても灰は神秘的なものとして扱われる例が多く、厄除《やくよ》けのお守りとか、呪術の手段になったり、宗教上では精霊の一部として崇められたりします。

アフリカのウガンダ共和国にありますテソ・ディストリクト（テソ地区）は岐阜県よりやや小さい面積を持つ標高約一一〇〇メートルの高原地帯であります。ここは沼地が実に多いことからウガンダ一のマラリア発生地帯でありますが、この地区には古くからのアフリカ人である約四十万人のテソ族と、これから分れた約四万人のクリム族が住んでいます。社会人類学調査のために、この地で二年間テソ人と生活をともにした長島信弘氏の『テソ民族誌』[*31]は、テソ人の素朴な習俗と、そこに急に入り込んだ新しい文明との混存する社会を興味深く伝えています。その中でテソ人が灰に対して抱く神秘感は実に純朴であり、灰は単に物の燃えカスではなく最終的には人の争いの仲裁役ともなる偉大なものであることが記されておりますなど、貴重な内容なのでここに幾つかを紹介することにしましょう。

あるテソ人の主人が自分の金五〇シリングがなくなっているのに気づきます。彼は第二夫人に疑いをかけ、問い詰めますと、烈火のごとく怒った第二夫人は、台所に駆け込むと灰をつかんで「精霊よ、もし私が盗んだのなら私も子供も死なせたまえ」と叫んで灰を呑み込んでしまいました。もちろん灰が毒なわけではありませんから死ぬことはないのですが、これは灰の持つ神秘力に訴えて身の潔白を示した行為なのであります。つまり一種の呪《まじな》いで、さすがの主人もこれをみておおいにあわてとまどったのです。といいますのは彼は、妻がたとえ盗みを働いていなかったとしても、妻が呑み込んだ灰の詛《のろい》のために子供達までもが衰弱していくと信じたからです。

心配した彼は村の長老格に相談しました。すると長老はこの灰の詛を解くためには浄《きよ》めの儀式をやる必要があると告げましたので、さっそく儀式の大家である老人を隣りの村から呼んできて、浄めの儀式が始まったのです。生贄《いけにえ》は黒い雄の山羊で、老人は山羊の心臓を槍で一刺しして殺し、皮を剝いで胃と腸を引っぱり出して小枝の上に引き出し胃を切り裂きました。そして老人は上半身を裸にした第二夫人を呼び（夫人は赤ん坊を抱いている）、両足をその胃の切り口に入れさせ、そのまま立たせておき、もう一人の子供も裸にされて母親の前に立たされました。次に老人は胃袋の中身を両手ですくいとると夫人と二人の子供の頭、肩、胸、腕にそれをまんべんなくなすりつけ、こうして浄めの儀式は終りとなりました。夫人と子供は去りましたが、夫人は明日まで身体を洗ってはならないし性的行為をしてもならないのです。山羊の肉は儀式に参加した者たちの分配により片づくのでありますが、ここで登場した呪いの灰はどんな灰であってもよいというわけでなく、日常女性たちが使っている台所の灰だけが有効とされています。そして灰は単なる灰としてではなく、全ての不可解な現象や混乱、無秩序に対する究極的説明で、同時に反秩序に対する神秘的制裁力、すなわち秩序維持力の根源であると著者は解説しています。

同じアフリカの白ナイル系民族にヌアー族があります。ここの男子は少年から大人の仲間入りをする時、極めて苛酷な「ガル」と呼ばれる恐怖の儀式をうけます。この儀式は、彼らの額にナイフで頭蓋骨にまで達するほどの深さの切り傷を六本、左右の耳のところまで入れるという壮絶なもので、切り裂いた六本の傷跡は太い肉の盛りあがった線として額に一生残ることになり、死んだ後の死体の頭蓋骨にも六本の線がはっきり残るという凄惨なものであります。ところで面白いことにこのヌアー族は体一面に灰を塗り、頭髪まで灰で整髪する風習を持っています。またロウ地区に住むヌアー族は灰と泥で高さ五〇~六〇フィート（約一五~二〇メートル）もの大ピラミッドを築いた民族であることが一九〇一年に訪れた探検家の写真撮影で記録されております。このピラミッドは一九二八年、不幸にして爆破されて現存しておりません。*32

このほか灰が呪術として使用される例としては、ニューギニアでは蛇を殺すとこれを焼き、その灰を足に塗って森へ行けば少なくとも数日は蛇に咬まれないとする呪術があります。この類の呪い《まじな》は比較的多く、アフリカの未開部族などによくみられ、例えば戦士は勇気と力をうるため、ライオンやヒョウなど強い動物を焼いて灰をつくり、これを体にこすりつけるなどの例であります。またフィリピンでは灰を地上にまいて悪霊の接近を占う風習や、メキシコの山地では灰をまいた土の上に子供を座らせ、そこに接近した一番はじめの動物をその子の守護霊とする風習もあります。さらにアルメニア人（小アジアとカスピ海との間にはさまれた地域を一般にアルメニア地方とよび、旧ソビエト連邦アルメニア共和国、トルコ北東端部アルメニア山岳地帯を中心に人口約三六〇万人を誇る民族です）は、二月十三日に燃やされた火の灰は人や家畜の病気を防ぐとして、これを屋根、庭、畑、牧場などにまくのであります。

宗教と灰

灰はまた宗教の場にもよく登場します。この場合、特に弔葬儀式にその例を多くみることができ、古代ギリシャでは遺灰を体に塗って悲嘆を表現したとされますが、多くの場合は死者の遺灰を神聖とみなして祀《まつ》る儀礼が多いのです。

例えばインドの大部分を占めるヒンドゥー教における最上位の階級での葬制の場合、遺体をまず水で洗って衣を着替えさせ、顔だけ出すようにして白衣に包む。次に香水をふりかけて、花輪で首のまわりを飾り、聖歌を歌って竹の担架または霊柩車にのせて火葬場へと向かいます。火葬場はガンジス川やジャムナ川のような聖なる河のほとりにあり（最も有名な火葬場はヴァラナシのガンジス河畔にあるハリスチャンドラ・ガハトです）、ここに着くと火葬用の薪を積み、その上に遺体を安置して油と香水を混ぜた液体を注ぎ、聖歌合唱のうちに火は故人の息子又は最近親者によってつけられます。会葬者は式後すぐに河水で身体を浄め、そして三日目に遺族や親戚のものが火葬場に行って骨灰を拾うのであります。そしてその後の「流骨式」は、遺灰が死者の霊を天国に導く儀式なのであります。ガンディ（一八六九～一九四八年　インド建国の父）の火葬の灰をガンジス川に流し、これを民衆が争って飲んだ流骨式は有名な話ですし、仏陀（真理を悟り人格を完成させた者の意で、直接的には釈迦をさします）の遺灰が多くの仏教国に広く分配され、仏舎利《ぶっしゃり》として特別に尊ばれてもいますね。我が国では関東大震災の死者の遺灰で仏像がつくられ、その霊を慰めたという例もみられます。

死者の遺灰を体に塗ったり袋に入れて持ち歩いたり祭壇に祀ったりすることはアメリカインディアンに普通にみられる風習であるといわれますが、アマゾンの奥地に住む部族には肉親の遺灰を少しずつ分けて遺族が食べてしまう風習もみられます。これと同じ風習が日本にも、伊豆半島を中心とした一部に古くからあったということも耳にしました。また、本書で、灰屋紹益が最愛の女性二代目吉野太夫の遺灰を一体ごと全て自分の体に入れてしまったという壮絶な浪漫話を書きましたが、世の女性達よ、どうせ愛されるのなら紹益ほどの男に愛されなさい。筆者の友人で大阪在住のデザイナー加藤丈士氏は火葬場で涙のあまり母の遺骨に接吻したという未開部族的純情さを持つ人物で、遺灰は今でも小さな布袋に入れて身につけて大切にしています。またアメリカやイギリスなどでは海軍や空軍で生涯を終えた職業軍人などの間で、遺灰はその遺言によって飛行機や船から海に還されることもしばしばあります。

カトリック教の祝日の中に、復活祭の聖節として「灰の水曜日」という祝日があります。

その由来は、死と痛悔の象徴として信者の額にシュロの枝の聖灰で十字の印をつけることにあり、復活祭前四六日の水曜日（四旬節の第一日）に行われます。カトリック教会ではこの日、ミサ中に灰を信者の額に軽く塗るのです。灰は悔心の象徴であるとして、この日は悔心の意を表わし、この日から入る四旬節を通して罪、汚れを浄めて喜びの復活祭を迎える心の準備をするための祝日なのです。プロテスタント教会でもこの日を断食日としている場合もあります。また聖ヨハネの祝日（六月二十四日。主の先駆者聖ヨハネ御誕生の日で、ヨハネの奇跡と殉教と恩恵を称える祝いです）には、イギリスではその日のかがり火の灰は、農作に良いとされてこれを畑にまき、また聖木黄楊《つげ》の灰は風邪や発熱に効くとされて服用されます。

灰の弁財天／兵庫県姫路市郊外、書写山圓教寺にある珍しい灰の弁財天。表面には弁財天十六童子が配置され、裏に弘法大師の手形が押されている。「天長七（八三〇）年七月七日、弘法大師一万遍の護摩供結を願し、その灰をもって自らお作りになった」と伝えられる。実物は高さ三〇センチメートルほど。

兵庫県姫路市郊外にある名刹書写山《しょしゃざん》円教《えんぎょう》寺《じ》には「灰の弁財天」があります。天長七（八三〇）年七月七日、弘法大師一万遍の護摩供結を願し、その灰をもって自ら作った二一体の弁財天のうち十六童子が置かれています。大変表情の豊かな可愛いい弁財天であります。

また、以下に中国に於ける生活風俗史と灰について述べておきましょう。人類文化の歴史の足跡の中で、中国がいかに古い時代から独自の文化を持って栄えてきたかは今さら言うに及びません。この長い伝統と歴史を歩んできた中国の社会風俗史を語る名著として尚秉和《しょうへいわ》（河北省行唐の生れ。当時北京にあった中国大学教授をしていました）の『歴代社会風俗物事考』（全四十四巻）があります。原書は一九三八年、長沙の商務印書館から排印本で刊行されたもので、中国の風俗の変遷や起源を描写した優れた風俗専門書であります。これを一九六九年に秋田成明氏がその八割に当る三十六巻を訳出し『中国社会風俗史』として初版されました。[*33] この本は衣服、履物、飲食、住居から昔の家庭生活、城郭、車馬、道路、祭祀、学校、冠婚葬祭、刑罰、迷信、軍事、官吏、墳墓《てんぼ》などの時代変遷を述べているもので、中国の文化や文化人類学を研究する人にとっては必携の書となっております。このぼう大な風俗史の中には幾つかの灰にかかわる記事もあるのです。まず「住居の章」では灰を使った壁の事を次のように説明しております。

周では蜃《シン》（おおはまぐり）の殻を焼いた灰で壁を塗ったが、漢でもまたこれを使っている。漢末になると東筴（山東省）では蛤を焼いてそれを叉《さ》灰と呼んでいる。その頃には中原の水も次第に少なくなって蜃もとれなくなったが、ただ東筴の沿岸地方では蛤をまぜて使ったところから叉灰と呼んだのであって、叉は雑の意味である。蜃灰の代りに石灰を使いはじめたのは後漢になってからのことである。楊璇《せん》が匪賊の征伐をした時に、石灰を風上からまいて賊の目をくらまして勝ったのも、当時、建築に石灰を用いていたからである。しかしこれは魏晋のころにもまだ少なかったらしい。張華も『博物誌』に「白石を焼いて白灰を作り、地上に置くと日を経て冷却するが、水に遇うと忽ち白煙の炎をあげる」と珍しそうに記している。唐になると、池を掘った時に麻灰を塗って水をたたえた話がみえ、麻を石灰にまぜて池を固めたのであるが、それを壁に使用したことも容易に想像されるから、既に壁の塗り方も今の麻刀灰《マダオフィ》（壁土にすさをまぜたもの）を使うのと同じわけである。同時に石灰を行商する者も盛んに現われていて、民間でも石灰を用いたことが分るのである。

また「医療・追儺《ついな》の章」では灰が蚤《のみ》や蝨《しらみ》の駆除剤に使われた周の時代の話として大略次のように記述しています。

周は衛生、防疫の方面も非常に進歩していた。蚤や蝨などの毒虫を駆除するために、家屋内には蜃灰をまき、隙間にはその灰を水に混ぜて撒布している。これは蛤の殻を焼いた灰であるが、その効果は今の石灰と同じである。蚤や蝨は疫病を伝播する媒介物であるから退治したのであるが、既にここまで留意しているのは頗る綿密である。旧暦の三月には新築した家屋は楸《ひさぎ》を焼いて乾燥させ、毒気を祓《はら》っている。陽気が盛んになって流行病の発生しやすい時であるから、楸の臭気によって邪気を祓ったのである。

そして「迷信・禁忌」の章では、魔除けに灰を使うまじないとして次のような面白い文があります。

魔除けに桃の木を使う例もあるが、魯の襄公が楚に行って死人に衣を贈った時、巫に命じて桃の木と葦《あし》の穂で、棺の悪気を祓わせている。また桃の弓と棘の矢が不祥を祓うものとされ、或は桃の枝を戸に挿して、葦の灰を下におけば、鬼も畏《おそ》れると考えている。広川の恵王が望卿を煮殺した時に、神霊にならないようにと、桃の灰を入れて煮ているが、王莽も、高廟の神霊を避けるために猛者を選んで中に入れ、剣を抜いて四方をたたき、門や窓を壊して赤い鞭で打った時に、桃の木を煮た湯を注ぎかけて鬼を祓っている。

一方、「葬儀」の章では、棺を埋葬する際、その周囲に蜃灰を入れて湿気と腐敗を次のように予防しています。

埋葬の際も、貧者は棺に手をかけて穴におろしていて、これは今日と同じである。棺は、有虞《ゆうぐ》氏は瓦棺を使い、夏后氏はそれに堲周《しょく》を加えたが、殷人は棺《うちがん》と槨《そとがん》との二重にしたという。堲周は、土を焼いて瓦棺の周囲に周らしたもの、また木炭を周囲に詰めたものともいうが、どちらにしても湿気を防ぐ目的である。周では蜃灰を詰めて、湿気と腐敗を予防していて、夏《か》よりは進歩しておる。夏ではまだ槨がなかったのである。周では殷の方法をうけて槨で棺を守り、外側を蜃灰で塞ぐという綿密な方法をとっている。蜃灰の効果は今の石灰と変らないが、当時はまだ石灰はない。しかし周の蜃灰は貴重なもので、宋の文公を葬る際に、蜃灰を用いたのを厚葬としておるから、貧賤者が使えなかったことは明らかである。

そしてその蜃灰の効果を語るものとして次のような興味ある一節があります。

幽王の墓は甚だ高壮なもので、墓門は開いていたが、みな蜃灰を詰めておる。それを一丈ほどのけると雲母がまた一尺余あったが、中に百余の死体（殉死者）が縦横に横たわって腐っていない。男一人のほかはみな女である。坐ったり伏せたりして、衣服も顔色も生者と変らなかったという。蜃灰は防湿用である。それを一丈以上も詰めたから、数百年後まで死体も腐らず、衣服や顔色も変らなかったのである。その方法の精密さがしのばれる。

文学と灰

昔噺《むかしばなし》と灰

世界の各国には、灰にまつわる物語が数多くみられ、そこにはお伽話や童話から小説に至るまで灰がいろいろな形で登場し、変化に富んだ内容が多いのであります。日本でもお伽話《とぎばなし》にその例がいくつかみられますが、その代表的なものは何と申しましても五大昔噺の一つである『花咲爺《はなさかじじい》』の物語でありましょう。善い爺の飼っている小犬がある日、ここ掘れワンワンとほえるので掘ってみると大判小判がザクザク出てくる。隣の悪い爺がうらやんで小犬を借り同じ様に掘ると出るのはゴミばかりで、怒って犬を殺してしまう。善い爺は犬を埋葬したところに植えた木で臼をつくり米を搗《つ》くと黄金が出る。隣の爺が臼を借りてまねたらこんどはきたないガラクタばかりが出てくる。また悪い爺は怒って臼を焚《た》いてしまう。善い爺はその灰を枯木にまくと花が咲き、通りかかった殿様がこれをみて喜んでご褒美《ほうび》をさずける。これをまたまねた悪い爺の灰は殿様の目に入り失敗するという、善い爺は幸福を得、悪い爺は失敗する、昔話に多い語りであります。

さてこの『花咲爺』に非常によく似た昔噺に『雁取爺《がんとりじじい》』というのがございます。昔、上田のお爺と下田のお爺とがいて、下流の下田のお爺の簗《やな》には魚がいつもいっぱいかかる。これをねたんだ上田のお爺は、自分の簗にかかった大きな木の根を下田の簗に投げ込んだ。下田のお爺はこれを持って家に帰り割ると中から白い小犬が出てきた（この物語の重要なところは、聖なるものの現われ方であります。この物語ではそれが人間ではなく犬の姿をとっていますが、不思議な現われ方や人に幸福をもたらす点には『桃太郎』や『瓜子姫』に通じるものがあるのです）。犬は大変に成長がよく、すぐに爺と鹿狩りに行くようになった。この犬は実に狩りが上手であったために、またまたねたんだ上田の爺は犬を借りて鹿狩りに行くが思うように鹿が捕れず、腹をたてて犬を殺してしまう。下田の爺は犬を大切に埋めて墓をつくったが、そこには米がざくざくと実る木がはえ出てきた。これをみた上田の爺はその木を借りて庭に植えたが実りがないので燃やしてしまう。そこで下田の爺はその灰をもらってきて「雁《かり》の目さ入れ」といってまくと、ちょうどそこに飛んできた雁の群れに灰がかかり、雁の目に灰が入って容易に多くの雁を捕えることが出来た。上田の爺はこれをみて「爺の目さ入れ」と間違って言って灰をまいたところ、灰は自分の目に入りもうこりごりした——という物語であります。

この二つの昔噺は青森県以南九州の中部まで日本全国に広く語りつがれていますが、福島県以北では両方が併存しており、南九州には『花咲爺』がなく、『雁取爺』ばかりであります。どちらが古いのかといいますと、どうやら『雁取爺』の方が古いとみられ、『花咲爺』のモデルになったものであると思われているようでございます。

このほかの日本昔噺に灰が手段として登場してくるのを二つばかりご紹介しておきましょう。[*34]

『二人小僧と餅』――昔、和尚と小僧がいた。和尚は檀家の法事に招かれて餅をもらって帰ってきた。夜小僧達を寝かせてから、自分一人でこっそりと餅を焼いては食べるのであった。和尚が焼くと餅は「スー」と音を出してふくれる。それを手にとって熱いので「プープー」と吹く。そして両手で「パタパタ」と灰を落とす。これを盗み見していた二人の小僧は、どうにかして餅を食べたいものだといろいろ相談した後、ある夜寝る前に第一の小僧が和尚の前に出て「どうか私にもう一つ別の名前をつけて下さい」と頼んだ。「どういう名前がほしいのか？」と和尚が聞いたところ、「プープーという名前がほしいのです」というので和尚はおかしなことだと思ったが、早く小僧を寝かして餅を食べたい一心なので「よしよし」と造作なく許した。すると第二の小僧が出て来て、「私にはパタパタという名前を付けて下さい」と頼んだ。和尚はこれも「よしよし」とうるさそうに承知した。

そして二人の小僧が喜んで寝床に入ったのをみすましてから、餅を取り出して焼きはじめた。餅は「スー」と音を出してふくれた。そこで和尚は手にとって「プープー」と吹いた。それを聞いて第一の小僧が「ハイハイ、何の御用ですか」と返事をして飛んできた。それから和尚は「パタパタ」と餅をたたいて灰を落としたら第二の小僧も「ハイハイ」と返事して飛んできた。こうして和尚は餅を焼いているところを見つけられたので、とうとう小僧達にも食べさせなければならなかった。

『灰の中の餅』――けちな和尚がある日そっと餅を焼いて、小僧にはやらないで一人で食べている。これを小僧がみつけて「和尚さん、和尚さん」と呼ぶ。和尚は餅を灰の中にかくして「何だ」と答えた。小僧は「垣根がこわれてしまったのです」と言って入ってきた。和尚が「お前がいいように繕《つくろ》え」というと、小僧は火箸を竹にみたてて「この竹をここにこう立てて……」などと言って灰の中に火箸を立て、餅をつき刺して探し出す。和尚は苦い顔をして「灰の中に落ちていたのだからお前にやろう」という。小僧はこうして餅を全部食べてしまった。

以上のように灰が物語の直接の手段として登場するほかに、灰のある場所に居る人間をとりあげた話も多いのであります。例えば後述する西欧の『シンデレラ物語』は御存知のように『灰娘』、『灰かぶり娘』、『灰かつぎの娘』という原題で、心がけの良い若い女の子の、一生懸命火を焚いて生きている姿の話です。

ところがこの『シンデレラ物語』の話に酷似する、風呂焚き男を主人公とする『灰坊太郎』という昔噺が日本にもあって、その話の内容が偶然とはいえまことに不思議な一致をみているのであります。

ある武家の家の風呂焚きに三八《さんぱち》という男がいた。三八は美男で前は侍であったが事情により今は風呂焚き男になっていた。ある日、武家の家族が能を見に行き、三八は夕方帰るまでに風呂をわかしておけと言いつけられる。三八は風呂をわかし終えたので自分も好きな能を是非みたいと思い、侍の仕度で能の席へ行く。たまたま能に飛び入りして舞う機会があったので三八は喜んで舞ったところ、その姿が大変優れていたので皆が感心する。三八は時間が来たのであわてて一足先に屋敷に戻りもとの姿をしていた。さて翌日、ここの一人娘が病気にかかり飯も食べない。易者にみせると「家にいる者の誰かが御飯を持って行くと食べるだろう。そしてその人が看病するとすぐに良くなる」という。家族は勿論のこと、家中にいる全ての家来までがかわりがわり御飯を運び娘にすすめたが、いずれの者もだめであった。主人はがっかりしてあきらめかけたところ、まだ一人、風呂焚き男が残っていることを知らされ、直ちに三八に御飯を持たせてみると、娘はうまそうにその御飯をたべた。翌日は三八の看病もあって、娘はたちまち元気になり、病気はすっかり治ってしまった。後日、三八と娘は結婚し、三八は立派な侍となった——という話であります。日本に古くから語り伝えられているこの昔噺は、『シンデレラ物語』に酷似していますなあ。御承知のように『シンデレラ物語』では、主人公の少女がいいつけられた仕事をしてから舞踏会に行き、王子と踊る。十二時に魔法が解けるのをおそれて、あわてて家に戻る時、ガラスの靴がぬげてしまったがそのまま走り去る。王子はその娘の美しさが忘れられず、その靴の足にあう女の人を嫁にするため多くの上流階級の娘の足に靴をはかせてみたが、いずれも合わなかった。しかしある家の灰かぶり娘《シンデレラ》がこれをはいたところ、見事に一致してめでたく結婚して幸せになったという話であります。この場合、「シンデレラ」は「灰坊太郎」こと三八であり、「靴にあう足の人の捜索」は「飯を運び食べさせることのできる人の捜索」であり、「上流階級の娘達」は「武家屋敷にいる家来達」に一致するなど実に共通性のある物語なのです。

『シンデレラ物語』又は『灰かぶり娘』の話がヨーロッパで最も早く記録されたのはフランスの作家ペローの『サンドリヨン』、イタリアの作家バシレの『灰まみれの牝猫』、ドイツのグリム兄弟による『灰かぶり』の三つであるといわれます。*35『サンドリヨン』（英名『シンデレラ』）は、ある王様の妃が死んで、王は二度目の妃をもらう。この妃は大変に意地の悪い高慢な女で、その連れ子も同様だったので前妃の子サンドリヨンは女中同様にあつかわれ、夜は屋根裏に寝、昼は暖炉やかまどの前にすわって、灰まみれになって薪を燃やして灰をかき出している。ここでの主人公は女の子でありますから、『灰かぶり娘《サンドリヨン》』と名付けられたというわけです。『灰まみれの牝猫』は、「娘」をあえて「牝猫」と卑しめてこれを「いろり猫」にかけたものであろうといわれています。三編とも継母の虐待に苦しみながら、けなげにそれに耐えて灰まみれになって働き、最後に幸せを手にする筋は一致しています。

また朝鮮半島には『コンジ・パッジ』という、『シンデレラ』の話の原型のような物語もあります。[*35]――コンジという女の子は裕福な家庭に育って何一つ不自由なことはなかったが、ある日突然母が死ぬ。父は再婚し、継母はパッジという連れ子をつれてこの家に来たが、その親子とも大変な意地悪で、まもなく父も急死すると継母の虐待はさらにひどくなった。ある日隣村の親戚の家で盛大な祝宴が催されることになり、コンジも連れていってほしいと継母に頼んだ。しかし継母は麻糸を出して「これを織りあげること、さらに家の掃除を全部すませ、各部屋のかまどの灰を全部取り出して火を焚きつけ、底に穴のあいた水甕に水を満たし、さらに稲の籾《もみ》五石をみな搗いて夕飯をこしらえたら来てもよい」といいつけてパッジを連れて宴会に行ってしまった。コンジはさっそく仕事にとりかかったが、あまりの仕事の多さにまいって泣いていると、どこからか雀の群れがやってきて籾《もみ》をついばみはじめて米を全部白くしてくれた。その次に蛙が現われて水甕《がめ》の底をふさいでくれたので水を満たすことができた。その他の仕事もてきぱきと片付けたので、さて宴会に行こうとすると着替えの服がない。がっかりしているとそこに天から牡牛が降りて来て、すばらしい衣裳と花靴をくれた。コンジは喜んでそれを着つけて宴会に顔を出したところ、コンジの美しさに客達はびっくりして褒めたたえた。それをみていた継母とパッジは妬ましさがつのり、追い返そうと怒ったのでコンジはあわてて逃げだしたが、その途中で花靴の片方がぬげてしまった。宴会に出ていた立派な役人がこの花靴を拾ってその持ち主を捜しまわったところ、パッジがそれは私のものと申し出たが足の大きさが合わず嘘がばれて罰せられた。継母も自分の足を包丁でそぎ、私の靴と申出るがやはり嘘がばれて罰せられた。そしてとうとうコンジをみつけ出し、靴をはかせてみたところピッタリと合ったので彼女を妻としてめとることができ、コンジは幸せに暮したという。

それにしても『シンデレラ』の物語に似ていますねえ。『シンデレラ』の物語とは直接の連係はありませんが、母と子と灰が登場する中国の元代の戯曲に『灰闌記《かいらんき》』があります。作者は李行甫といわれるが、日本の大岡越前守の名奉行ぶりを思わせる裁判物語です。話の筋は大要次のようでございます。――ある金持ちの妻が小役人と密通して夫を毒殺し、その罪を夫の妾《めかけ》に着せた上、遺産を独占するために妾の生んだ男の子を奪いとって自分の子だと主張し、証人を買収して偽証させる。これを審理した名裁判官包拯《ほうじょう》は、法廷に石灰で円を描かせ、その中央に子供を立たせて妻と妾に両方から子供を引っぱらせ、円外に子供を引き出した方を勝訴にするといい渡す。妻と妾は円内に入り、子供の手をにぎって引き合いをしたが、泣いて痛がる実子が傷つくことを恐れて妾は手を離し、妻に負けてしまう。そこで包拯は妾の方が正しいことを知り、妻に真相を厳しく詰問して白状させ姦夫《かんぷ》姦婦《かんぷ》の罪で処刑するというものです。なお日本のテレビの時代劇でおなじみの大岡越前守による大岡裁判に登場する物語はこの包拯の物語を集めた『包公案』がもとになっているともいわれております。

詩の中の灰

詩の世界にも灰にかかわる言葉はしばしば登場しますが、この場合多くは「灰色」という色彩表現としての用いられ方が多く、例えば次のようなものであります。

『灰色な曇った朝』*36
灰色な曇った朝が懐しい野畑を包んでいる。
私をかこむ世界は深いもやにとざされている。

おお愛らしいフリーデリケよ、そなたのもとに帰れたら！
そなたのまなざしの一つにも日の光と幸福が宿っている。（以下略）

ゲーテ

『灰色の人種』[*37]

純粋な白なんて、はじめての雪の中にもない
純粋な黒なんて、盲目の男の眼にも見えない
まして今や、灰色の都会の煙霧《えんむ》の中の、灰色のフラノの服を着た灰色人種
灰色の影のゆらめくテレビの画面に
たとえばあの美しい歌〈深い河〉を聞きながら……

谷川俊太郎

灰色という色彩表現の例の他に、灰そのものを具象化しているものも幾つかみられます。

『羅馬哀歌』の第Ⅸ節[*38]

秋ふかみ炎かがよふ鄙の炉辺、

枝に爆《はじ》けて火はひろごれり。
この炎こよひたのしも。
焚火燃え落ち頽《くづほ》れて灰となるまへ、
恋人はきたりぬ。
枯木はさらに火を捉へ、炎たちのぼり、
きらびの祭りは熱き夜に、
われら二人にひらけたり。
暁《あけ》はやく女は恋床ぬけ出でて、
繊き手いそがせ、灰のうちより、
新しき火を掻き立てぬ。
きみこそ、柔媚の人よ、
アモルは術をさづけたり。
灰なほ温き楽欲をまたかきたつるその術を。

ゲーテ

この他ゲーテは『ベネチア短唱』の中にも「石のうちなる冷灰《ひえばい》も……」と、死と石柩とその中の冷灰を詩い、さらに『譚詩《ものがたり》』の中の『コリントの許嫁』の中でも「火の粉噴きのぼり、灰もゆるとき、古き代の神々の許にわれら翔りて還らなむ」、また『神と娼婦』には「かへしたまへわが夫、塚穴にも入りて尋ねん。神に似たるその赫き、泯びて灰に崩《く》ゆべきや」と歌っています。またジャン・コクトーの詩『オリーヴ樹礼讃』[*39]には、「一月のとある日のお前の呼吸《いき》。さもなきゃあ、お前のパイプがふかす、それは煙であるか。愛すべき喫煙家よ？　それとも汽車か？　または妖婦か？　死にゆく一日《ひとひ》の灰であるか？　出鱈目はよせ、あれはオリーヴの樹だよ」と歌い、さらに『サフォの墓』では、「いまは冷たい灰ながら、この火がむかし市《まち》一つ屠ったことさえあったのだ」と謳っています。

ところで灰という字を好んで使う詩人といえば、ランボーで、例えばその詩集『みなし児たちのお年玉』[*40]では、「灰色の空……」、「しみじみとひとり静かに、灰をかき立てて……」、『七歳の詩人たち』で「壁ぎわにうずくまり泥灰に埋もれて……」、『虱《しらみ》さがしの娘たち』では「わが身にわいた灰色の不精虫《ぶしょうむし》……」と歌い、そのほか『饑餓の祝祭』、『花たち』などにも灰の字が多く登場します。なお日本の石川啄木は、その生涯の多くを灰色に送ったともいわれる中で、その多くの詩集の中に灰という字がほとんどみられなかったのは意識のうちでありましょうか。

中国の詩における灰では、重要な表現手段として灰が登場します。例えば杜甫の『自京竄至鳳翔喜行在所』[*41]（長安から逃げのび鳳翔《ほうしょう》に至り、粛正《しゅくそう》皇帝の行在所に達したことを喜んでつくった詩）に、「西憶岐陽信　無人逐卻回　眼穿当落日　必死著寒灰　茂樹行相引　連山望忽開　所親驚老瘦辛苦賊中来」（自分は西のかた岐陽の方の消息があるかとおもうていたが、いつまでたってももどってきて〔皇帝の消息を〕知らせてくれる人がいない。それでも落日をみつめて、西へと走るので、眼に穴があくほどであり、賊軍をくぐってゆくのであるから、心は死んで冷たい灰をつけたように活気を失うている。道路の並木にみちびかれながら、すすみつつあるあいだに、忽ち連山の眺望が目の前に開かれて鳳翔の方へ着くことができた。平生親しくしていた人々は、自分が年寄ったのと瘦せたのに驚いているが、それももっともなことだ。千辛万苦して賊軍の中からやってきたのであるから）。ここに登場した「寒灰を著《つ》く」とは、心が活気を失い、死んだ如くに冷えきっている、恐怖のさまを表わしています。また『送従弟亜赴河西判官』（いとこの杜亜《とあ》が河西節渡使《かせいせつとし》の判官となって赴任するのを送る詩）に、「宗廟尚為灰君臣俱下涙」（宗廟尚灰と為《そうびょうなおはいとな》る　君臣《くんしん》俱《とも》に涙を下す）という一節があります。「為灰」とは、賊に焼かれたことをいい、「今は賊のために宗廟（唐の皇帝のおたまや）も焼かれて、まだ灰のままになっており」の意であります。

宗之問《そうしもん》の詩『奉和晦日幸昆明池応制』[*42]（「晦日《かいじつ》、昆明池《こんめいいけ》に幸《みゆき》す」に和《わ》し奉《たてまつ》る応制《おうせい》）の中には「焼劫弁沈灰」（焼劫《しょうごう》、沈灰を弁《べん》ず）とあります。これは漢の武帝が昆明池を掘らせたとき、地底から黒い灰が出たので、西域人にたずねたところ、世界の終末劫火《ごうか》（この世の終りかと思わせるような、全世界を焼きつくすと信じられている大火災）が全てを焼きつくしたが、これはその時の灰の名残りだと答えたといういきさつのところに出てくる語であります。なお応制とは皇帝から与えられた題または韻によって作る詩文のことです。また同じ宗之問の詩『早発始興江口至虚氏村作』（早《つと》に始興江口《しこうこう》を発して虚氏村《きょしそん》に至る作）の中に「丹心已《たんしんすで》に灰と作《な》る」とあります。「丹心」とは「まごころ」又は「誠意のあふれた」ということで、「作灰」とは「灰のように冷たくなる」とか、「情熱が冷えきってしまった」の意で、「誠意のあふれた心も、もはや冷えきった灰となっている」との意味であります。

『今昔物語』の中の灰

『今昔物語』巻第二十四[*43]の第十一段に「忠明、竜にあへる者をなほせる語《かたり》」があります。この物語は灰が主役的に重要な役割として登場していますので、これを現代文に訳して述べてみましょう。

昔、天皇が治めている世の宮中。夏の涼みをしようと警固《けいご》の武官達が多勢で八省院の廊下にいたが、退屈だったので一人の武官が「退屈なので酒肴を（家へ）取りにつかわそう」といったら、他の武官達はこれを聞いて「たいそういいことだ。早く取りにつかわすべきだ」と、口々にせきたてたので、この武官は従者の男をよんで（用件を申しつけ）松明《たいまつ》を持たせた。

その従者は南の方へ走って行った。やがて十町ほど行ったところで、急に空が曇り夕立になった。武官達は話などをして廊下にいたら雨もやみ空も晴れたので、まもなく酒が到着するだろうと待っていたが、出かけて行った男はついに日が暮れてしまうまで戻って来なかった。そのため皆は「さあ帰ろう」と宮中に帰ってしまった。

さて自分の従者に酒をとらせにやった武官は、情なく思い、立腹したが、あれこれ言ってもどうしようもないので皆と一緒に帰って武官の詰め所にいたが、使いに出した男は夜になっても帰ってこない。これは不思議なことで尋常事ではないと思い、従者は道中で死んだか病気にでもなったのかと、夜通し心配しながらとうとう夜も明けてしまった。

そこで早朝、さっそく家に急いで帰り、まず昨日、従者を使いに出したことを話すと家人は「その従者なら昨日来たが、死んでいるようなのでそこへ横たえてあります」と言った。その武官が側に行ってみると本当に死んでいるように横たわっていた。物を聞いても答えないし、じっと伏したままである。たいそう奇怪なので、近所の忠明朝臣という医者のところへ行き「このようなことがあった。これは一体どういうことなのだろう」と尋ねた。すると忠明は「さあ、そのことは知らないが、それならば灰を多くとり集めて、その中に男を埋めておきしばらく様子をみなさい」と教えてくれた。

　そこで武官は、家に帰って忠明の言うように灰を多くとり集めてその中に男を埋めておき、三、四時間ばかりしてみると灰が動いたので灰をかき開いてみると従者はいつも通りに動き出し、しばらく手をついて臥しているので、水などを飲ませて人心地ついたところで「これはいったいどういうことなのか」と問いただすと、その従者は「八省院の廊下でおいいつけを受けたまわったので、急いで美福門を下り走っておりましたら、神泉苑の西方で俄かに雷がして夕立がきました。そのうち神泉苑の内も闇となり、西の方角の暗がりが広がってきましたので、その方向をみましたら暗がりの中に金色の手がきらきら光ってみえたのです。四方が暗闇にふさがれて、物も考えられぬありさまでした。そうかといって道に臥せる程のことでもなかったので、がまんして家にたどりついたことまではかすかに記憶しておりますが、その後のことは少しもわかりません」と答えた。

武官は従者の話を聞いて不思議に思い、再び忠明のところに行って「おっしゃったように灰に埋めてしばらくしたら、あの男は気がついてこのようなことをいっておりました」と言ったら、忠明は大声で笑って「案のじょう人間が竜の体をみて病気になったならば、その治療はこれしかないのだ」と言った。武官は陣に戻って他の武官達にこの話をしたところ、多くの武官達は忠明を褒めたたえ、世間でもこの話が評判となって、皆が忠明を褒めた。そもそも（忠明の手腕は）これだけではなく、一通りではない（名医者であると伝えられたということだ。

さてここでなぜ従者を甦らせる手段に灰が用いられたのかでありますが、おそらくものの怪にとり憑《つ》かれた身を、灰という冷えきったもので包むことにより、物《もの》の怪《け》が「早く出て行かないと冷えきって灰となってしまう」といって逃げ出すことに期待した、一種の浄《きよ》め的呪《まじな》いとして灰が使われたのだろうと考えられています。このような意味での灰の役割を述べた他の例には、『古事記』上の巻、仲哀天皇の内「神功皇后の新羅征討」に、

海のむこうの新羅の国を攻めようと思うなら、天、地、山、河、海の諸々の神にささげものを奉り、荒くたけだけしい神を船にお乗せして導いてもらい、直木の灰を瓢《ひさご》に入れ

て箸《はし》や葉盤（木の葉でつくった皿）を多量につくって、海に散らし浮かべて海を無事渡ろう。

という一節が出て参ります。古来より、船で亡霊や物の怪にあったとき、灰を撒くとそれが離れていくとか、灰を持って船に乗ると遭難しないとかのいい伝えがありますことから、これも多分「お守り」としての呪いと考えてよいのかも知れません。

「灰」という字のことなど

「灰」という字源は「灰」すなわち「火」（火）と「手」（又）との象形文字の合成漢字で、「手に持つことのできる火」の意味であります。一般的意味は「物が燃えた後に残るかす」、「活気のないもののたとえ」、「値うちがないもの」、「うす黒い白色」などで、どうも明るいイメージはありません。でありますから灰の字の持つ語句にはそれらの意味を直接示すものや、それを暗示させるものが多いのです。二、三の例をご紹介しておきましょう。

〔灰隕《かいいん》〕①焼き殺す ②焼きつくす ③滅びる ④皆殺し ⑤全滅
〔灰心《かいしん》〕①欲がなく、静かで外物に誘惑されない心 ②熱気が振わない
〔灰塵《かいじん》〕灰とちり

〔灰燼《かいじん》〕　灰と燃えかす
〔灰冷〕　心が冷えた灰のように、少しも欲のないことで、死灰、冷灰も同じ意
〔灰色〕　①ねずみ色　②態度や所属がはっきりしない　③価値も興味もないと考えるたとえ。なお英語では次のような語句が灰にかかわるものの例であります。

ash（灰，灰がら，遺骨）
peace to his ashes!（彼の霊よ，安らかなれ！）
ash can（くずもの入れ）
ashen（灰色の）
turn ashen（顔色がすぐれぬ）
ashy（灰色のような）
full of ashes（灰だらけの，灰まみれの）
reduce to ashes（灰にする）
fence-rider（灰色議員）
harshness（野菜などのアク）
harshness to the test（アクが強い）
remove the harshness（アクを抜く）

など。独語では灰を asche 、仏語では cendre と申します。

Iye（灰汁）

また、灰の諺には次のようなものがあります。

〔灰塵《かいじん》に帰《き》す〕　丸焼けになる。あとかたもなくなる。滅びてなくなる。

〔灰吹《はいふき》から蛇が出る〕　意外なところから意外なものが出るたとえ。小事から大事が生ずるたとえ。道理上ありえないことのたとえ。同様の諺に「灰吹から竜が登る」、「瓢箪から駒が出る」がある。灰吹とはたばこのすいがらを入れる筒のこと。

〔灰吹と金持ちは溜まるほどきたない〕　金持ちになると、灰吹に灰がたまるようなものできたなくなるのたとえ。

〔灰吹へのせた亀の子〕　ただいたずらに身をもがくだけで、どうしようもないことのたとえ。

〔親孝行と火の用心は灰にならぬ前〕　親孝行は親が生きている間に、火の用心は火事にならぬ前にせよとのおしえ。死と火はともに灰につながるのたとえ。

〔大風に灰を撒《ま》く〕　沢山の金銭をむだ使いすることのたとえ。

〔形は槁木《こうぼく》の如く、心は死灰の如し〕　形は枯木のように固く、心は冷たい灰のように生気がないこと。無心無欲のさま。

〔棄《き》灰の刑〕　道路に灰を棄てる者を罰する（史記にある）ことからきたもので、罪に対して刑罰がきびしすぎることをいう。
〔死灰また燃ゆ〕　火の気のなくなった灰が再び燃えだすことで、勢を失ったものが再び盛んになること。一度落ちついたことが再びむしかえすことのたとえ。
〔水晶を灰汁で磨く〕　清廉潔白を形容する言葉。*44
生物用語としては次のものもあります。
〔灰白質〕　脊椎動物の脳、脊髄で神経細胞、神経繊維が集中して灰白色をした部分。
〔灰白交連〕　脊椎の内部にある、左右の灰白質を結ぶ箇所。
〔灰白新月環〕　ウニなどが受精したときの、卵の表層物質の移動において数々の器官がつくられるが、灰白新月環もその一つで、将来、脊索となるものである。

また「灰」の字を持つ地名もあります。しかし灰という字がイメージ的に明るいものでないためか、そう多いものではなく、また、火山国日本でありながら意外に少ないこと、新潟県や京都に多いことなどは面白いことです。
〔灰雨《はいあめ》〕　新潟県中魚沼郡津南町灰雨
〔灰方《はいがた》〕　新潟県燕市灰方　京都市西京区大原野灰方町

〔灰谷《はいだに》〕　京都府宇治市二尾町椿灰谷
〔灰塚《はいづか》〕　新潟県上越市灰塚　山形県山形市灰塚町　大阪府大東市灰塚　茨城県下館市灰塚町　広島県双三郡三良坂町灰塚　宮崎県えびの市加久藤区灰塚
〔灰爪《はいづめ》〕　新潟県刈羽郡西山町灰爪
〔灰沼《はいぬま》〕　青森県北津軽郡板柳町灰沼
〔灰木《はいのき》〕　静岡県浜北市灰木
〔出灰《いづりは》〕　京都市西京区大原野出灰町　大阪府高槻市出灰
〔灰久保《はいくぼ》〕　熊本県人吉市灰久保町
〔灰床《はいとこ》〕　熊本県阿蘇郡西原町灰床
〔灰原《はいばら》〕　長野県長野市信更町灰原
〔灰屋《はいや》〕　京都府北桑田郡京北町灰屋
〔下灰庭新田《しもはいにわしんでん》〕　新潟県中頸城郡柿崎町下灰庭新田
〔灰形山《はいがたやま》〕　兵庫県兵庫郡有馬町。有馬温泉の南に位置する海抜六二四メートルの山。茶道で撒灰《まきばい》の一つに利久好みがあり、風炉の灰で小山をつくり、そこに撒灰すると、あたかも有馬の山に淡雪がうっすらと積もったさまに似ているとされ、この山の名が付いたと申します。

〔灰《はい》ケ峰《みね》〕　広島県呉市の北にある海抜七〇三メートルの山。

以上、灰の字のつく地名を拾って日本全国を回りましたところで、灰の謎の話を終了させていただきます。おつき合い、有難うございました。

あとがき

この世の中には、日常、身の近くにありながら目にも気にも留められず無視されてほうむられているものが案外多いのです。「灰」もこのようなものの一つでありますが、これまで述べましたように、その本体を深くさぐってみますと、実に多彩な顔を持った、驚くべき物体であることに気づくのであります。ある灰は人間の豊かな生活のために重要な役割を演じ、ある灰は人間の文化の発展に一役かい、ある灰は人の心を幽玄の世界へと導くための背景を演出し、またある灰は人を殺し、人を苦しめます。

そして人間は誰もがのがれることのできぬ死を迎え、気にも留めていなかった灰となって消えてゆくのであります。

この本はかつて出版しました『灰の文化誌』（一九八四年初版・リブロポート）の全面を大幅改訂し、さらに構成および文体をも全く異なったものに書き改めたものであります。

今般の出版に当りNTT出版出版本部の早山隆邦氏には格別の御骨折りをいただき、深く感謝する次第です。ありがとうございました。

一九九八年七月　　小泉武夫

参考文献

＊1 熊谷清一郎『火』（一九七九年 岩波新書）
＊2 柳田國男『新編柳田國男集第十巻』（一九七九年 筑摩書房）
＊3 松宮三郎『江戸の物売』（一九六八年 東峰書房）
＊4 大島健彦他『日本を知る小事典4』（一九八〇年 社会思想社）
＊5 本田勝一『極限の民族』（一九六七年 朝日新聞社）
＊6 増田昭子『どるめん第十九号』（一九七八年 ＪＩＣＣ出版局）
＊7 杉田浩一『「こつ」の科学』（一九七九年 柴田書店）
＊8 加藤辨三郎編『日本の酒の歴史』（一九七六年 研成社）
＊9 篠田統、田中静一『中国食経叢書（上・下）』（一九七五年 文物流通会）
＊10 篠田統『中国食物史の研究』（一九七八年 八坂書房）
＊11 田村平治、平野正章共編『しょうゆの本』（一九七六年 柴田書店）
＊12 宮下章『海藻』（一九七四年 法政大学出版局）
＊13 高橋偵造『綜合農産製造学』（一九三一年 西ケ原刊行会）
＊14 村井弦斎著、村井米子編『食道楽』（上の巻）（一九七八年 新人物往来社）
＊15 辻静雄『うまいもの事典』（一九七六年 光文社）
＊16 町田誠之『和紙文化』（一九七七年 思文閣出版）

＊17　鈴田照次『染織の旅』（一九七六年　芸艸堂）
＊18　熊代幸雄、西山武一訳『齊民要術』（一九五九年　農林省農業総合研究所）
＊19　大岡信『日本の色』（一九七九年　朝日選書）
＊20　武井邦彦『日本色彩事典』（一九七八年　笠間書院）
＊21　田賀井秀夫『入門やきものの科学』（一九七七年　共立出版）
＊22　吉田光邦『やきもの』（一九七六年　ＮＨＫブックス）
＊23　許浚教撰、笠原之也訳『東医宝鑑』（一九七二年　日韓経済新聞社）
＊24　根岸鎮衛著、鈴木棠三編注『耳袋・1』（一九七九年　平凡社）
＊25　市坪弘『火山灰に生きる』（一九七八年　中央公論社）
＊26　根本順吉『異常気象を追って』（一九七九年　中央公論社）
＊27　能登健、新井房夫他「火山灰と考古学」（一九七八年『どるめん第十九号』所収、ＪＩＣＣ出版局）
＊28　三宅泰雄『死の灰と闘う科学者』（一九七七年　岩波書店）
＊29　井口海仙『茶道入門』（一九七七年　社会思想社）
＊30　樋口清之『日本木炭史（上）』（一九七八年　講談社）
＊31　長島信弘『テソ民族誌』（一九七二年　中央公論社）
＊32　エヴァンズ・プリチャード著、向井元子訳『ヌアー族』（一九七八年　岩波書店）
＊33　尚秉和著、秋田成明編訳『中国社会風俗史』（一九六九年　平凡社）
＊34　武田明『日本笑話集』（一九八〇年　社会思想社）

＊35　山室静『世界のシンデレラ物語』（一九七九年　新潮社）
＊36　高橋健二訳『ゲーテ詩集』（一九八一年　新潮社）
＊37　谷川俊太郎『谷川俊太郎詩集』（一九八〇年　角川文庫）
＊38　竹山道雄訳『ゲーテ詩集（二）』（一九六九年　岩波書店）
＊39　堀口大学訳『コクトー詩集』（一九七六年　新潮社）
＊40　堀口大学訳『ランボー詩集』（一九八五年　新潮社）
＊41　鈴木虎雄訳『杜詩2』（一九七九年　岩波書店）
＊42　前野直彬注解『唐詩選』（一九七九年　岩波書店）
＊43　佐藤謙三校註『今昔物語集』（一九六九年　角川書店）
＊44　延原政行編『ことわざ事典』（一九八〇年　金園社）

なお本書を書くにあたり、左記の辞典も大変に役立つものでありました。

『世界大百科事典』（平凡社）
本山荻舟『飲食事典』（一九五八年　平凡社）
新村出編『広辞苑』（一九七五年　岩波書店）

全ての参考文献に深く敬意を表するものであります。

本作品は一九八四年、リブロポートから『灰の文化誌』として刊行後、加筆修正され、一九九八年、NTT出版から『灰に謎あり　酒・食・灰の怪しい関係』として再刊された。本書は文庫化にあたり、『灰に謎あり　酒・食・灰の怪しい関係』を改題し、底本とした。

中公文庫

灰《はい》と日本人《にほんじん》

2019年3月25日　初版発行

著　者　小《こ》泉《いずみ》　武《たけ》夫《お》

発行者　松田　陽三

発行所　中央公論新社
〒100-8152　東京都千代田区大手町1-7-1
電話　販売　03-5299-1730　編集　03-5299-1890
URL http://www.chuko.co.jp/

ＤＴＰ　平面惑星
印　刷　三晃印刷
製　本　三晃印刷

Published by CHUOKORON-SHINSHA, INC.
Printed in Japan　ISBN978-4-12-206708-0 C1121

各書目の下段の数字はISBNコードです。978－4－12が省略してあります。

中公文庫既刊より

し-6-46
日本人と日本文化〈対談〉
司馬遼太郎
ドナルド・キーン
日本文化の誕生から日本人のモラルや美意識にいたる〈双方の体温で感じとった日本文化〉を縦横に語りあいながら、世界的視野で日本人の姿を見定める。
202664-3

キ-3-10
日本人の美意識
ドナルド・キーン
金関寿夫 訳
芭蕉の句「枯枝に烏」の烏は単数か複数か、その曖昧性に潜む日本の美学。ユニークな一休の肖像画、日清戦争の文化的影響など、独創的な日本論。
203400-6

や-52-1
たたずまいの美学 日本人の身体技法
矢田部英正
窮屈なものとされてきた日本人の所作が秘める風土に根ざした合理性とは？ 所作、履き物、坐り方、呼吸法、武道。身体論から日本文化の原点に迫る。
205540-7

あ-5-3
「日本文化論」の変容 戦後日本の文化とアイデンティティー
青木　保
「日本独自性神話」をもつくり出した、その論議の移り変わりを、戦後の流れのなかで把えなおした力作。吉野作造賞を受賞したロングセラーの文庫化。
203399-3

タ-6-1
忘れられた日本
ブルーノ・タウト
篠田英雄 編訳
世界的建築家による三年間の日本滞在見聞記。桂離宮、伊勢神宮など建築物から禅、床の間など日本人の心象・季節感まで幅広く語る論考集。〈解説〉斉藤　理
204877-5

こ-30-3
酒《しゅ》肴《こう》奇《き》譚《たん》 語部《かたりべ》醸児《じょうじ》之《の》酒肴譚《しゅこうたん》
小泉武夫
酒の中し子「諸白醸児」を名乗る醸造学の第一人者で、東京農大の痛快教授が〝語部〟となって繰りひろげる酒にまつわる正真正銘の、とっておき珍談奇談。
202968-2

こ-30-1
奇食珍食
小泉武夫
蚊の目玉のスープ、カミキリムシの幼虫、ヒルのソーセージ、昆虫も爬虫類・両生類も紙も灰も食べつくす、世界各地の珍奇でしかも理にかなった食の生態。
202088-7